명당의 원리와 현장풍수

일러두기 이 책은 2005년 출간된 《명당의 원리》의 개정증보판입니다.

명당의 원리와 현장풍수

덕원이 짓고 정신세계사 정주득이 2005년 9월 1일 처음 펴내다. 편집부장 이상실, 정미화, 문시연이 편집을 류승인이 책의 꾸밈을 맡고, 김영수, 하지혜가 책의 관리를 맡다. 정신세계사의 등록일자는 1978년 4월 25일(제1-100호), 주소는 110-045 서울시 종로구 자하문로 21 4층, 전화는 02)733-3134(대표전화), 팩스는 02)733-3144, 홈페이지는 www.mindbook.co.kr, 인터넷 카페는 cafe.naver.com/mindbooky이다.

2014년 11월 7일 펴낸 책 (개정증보판 제1쇄)

ISBN 978-89-357-0384-5 03150

이 도서의 국립중앙도서관 출판시도서목록(CIP)은 e-CIP홈페이지(http://www.nl.go.kr/ecip)와 국가자료공동목록시스템(http://www.nl.go.kr/kolisnet)에서 이용하실 수 있습니다.
(CIP제어번호 : CIP2014029241)

명당의 원리와
현장풍수

덕원 지음

정신세계사

풍수지리의 바른 역사를 위하여

자연의 섭리를 터득하려 땅과 산만을 보면서 지낸 세월이 어느덧 30년이 지났습니다. 그 세월을 지내면서 깨달은 것은, 명당은 기존의 풍수 개념, 즉 용혈사수龍穴砂水만으로는 절대로 알 수 없다는 사실입니다. 자연의 이치, 우주의 움직이는 이치를 알고 천天·지地·인人이 함께 움직인다는 사실을 깨우친 후, 인간의 마음이 자연으로 돌아가야 땅의 이치가 보입니다. 사람의 눈으로 보고 주관적이고 직관적인 생각을 가지고서는 명당(혈)을 발견하는 데 한계가 있을 수밖에 없습니다.

천·지·인은 움직이는 원리가 같아서 함께 움직이는데 사람들은 이들을 각각 움직이는 별개의 것으로 생각합니다. 하늘을 알지 못하고 땅과 사람을 논할 수 없고, 땅을 알지 못하고 하늘과 사람을 논할 수 없으며, 사람을 알지 못하고 하늘과 땅을 논할 수 없습니다. 이것이 자연의 이치, 즉 우주의 이치입니다. 그럼에도 불구하고 천·지·인을 별개로 생각하다보니 여러 가지 오류를 범하는 것입니다.

당나라 양균송楊筠松은 풍수지리에서 추구하는 명당의 이치를 제대로 아는 사람은 500년에 한 사람 나오기가 어렵다고 했습니다. 그런데 사람들은 천·지·인의 움직임인 자연의 이치를 모르면서 땅의 외형만을 생각하고 풍수이론을 발전시켜왔습니다. 이 풍수이론이 실제와 맞지 않으니 주역과 오행을 갖다붙이게 되었고 그러다보니 더욱 맞지 않게 된 것입니다. 이것이 이상하게 진전되어 풍수이론은 사술에 지나지 않은 음양陰陽서적으로 변하게 되었으며 우연의 일치로 만에 하나 맞는 경우가 나오다보니 명당이 귀한 것으로 간주되는 것입니다.

이 결과로 많은 폐단이 생겨, 일부 학자들은 풍수지리를 잡술雜術이나 미신으로 치부하고 또는 '명당은 없다' 라고 공표하기도 하며, 혹자는 '명당은 옛날에 다 쓰고 현재는 남아 있는 게 없다' 고 주장하기도 합니다.

옛날 선인仙人들 중 누군가는 이 풍수지리의 명당을 자연의 이치로 보고 해석하여 혈의 구성원리와 모양을 완전히 깨달았으며 이를 활용하는 방법도 알았기에 풍수지리가 생겨났습니다. 그 흔적은 우리 천년사찰의 배치에 남아 있지요. 그런데 그 누군가는 비인비전非人非傳이라 하여 전하지 않았고 기록도 남기지 않은 채 세상을 떠났을 것이라고 추측됩니다.

그 이후에는 자연의 이치를 자연의 마음으로 터득하지 못했기 때문에 혈의 구성원리를 제대로 파악할 수 없었습니다. 따라서 눈에 보이는 형상만을 가지고 풍수이론을 쓴 다음, 그 이론에 따라 풍수지리를 논하면서 명당을 찾는 데 주안점을 두게 되었습니다. 그러나 땅밑이 어떤 형상인지 모르고, 또 혈이 어떤 것인지 모르다보니 풍수가風水家도 속고 일반인도 속는 게 풍수이론이 되었으며 이것이 현재까지도 반복되고 있습니다. 자연의 이치는 땅위와 땅속이 엄연히 다른데도 말입니다.

그나마 땅위의 이치를 밝혔다는 중국의 풍수이론조차 풍수의 핵심인 물[水]과 기氣의 상호작용과 맥脈의 움직임을 제대로 기술하지 못했기 때문에 풍수책 100권을 100번 읽는다 해도 혼란만 가중될 뿐 결코 명당은 찾을 수 없습니다.

필자의 경험 하나를 예로 들어보겠습니다. 어느 지방의 이름있는 풍수가가 묘자리를 잘못 쓴 것 같아 그 사실을 지적했더니, 그는 자신의 판단이 정확하다고 대답했습니다. 그래서 필자는 그 묘 앞을 파서 물이 나오는 것을 보여주고는 그의 판단이 확실히 잘못되었음을 지적했습니다. 그랬더니 그는 '이것은 어느 풍수책, 어디에 이렇게 적혀 있다' 고 하면서 자기는 책에 있는 그대로 한 것이므로 책이 틀린 것이지 자신이 틀린 것은 아니라고 대답했습니다. 그때 필자는 이것이 우리 풍수지리의 현실임을 절실히 느꼈습니다. 묘를 잘못 쓰면 자손이 잘못된다는 것을 알고 하는 일일진대 그 책임을 어찌 회피할 수 있겠습니까? 풍수지리를 잘못 이해하면 한 가정의 몰락은 물론이고 국가의 장래까지 망칠 수 있습니다. 그리고 자손이 잘못되기에 앞서 풍수가가 먼저 망합니다. 풍수가들의 후손들이 비참해진 예는 아주 많습니다.

필자는 이와 같은 현실을 통탄하며 이런 일이 더이상 반복되어서는 안 되겠다는 결심으로 명당의 모든 것을 공개하기로 하고, 잘못된 풍수이론을 지침으로 오늘도 연구에 임하는 수많은 풍수연구가들을 위해 다음과 같은 내용을 토대로 올바른 풍수지리서를 저술하기로 결심했습니다.

첫째, 풍수이론이 전해진 후 역사상 처음으로 명당의 형성 원리를 공개하고자 합니다. 맥脈과 혈穴의 구성과 형태, 크기 등을 상세하고 정확하게 설명할 것입니다. 땅의 이치에 대한 구체적인 설명은 전무후무한 일입니다. 이 원리는 원효대사, 의상대사, 자장율사, 도선국사, 무학대사 등의 고승들이 알고 있던 진리 그대로입니다. 필자가 한마디도 덧붙인 것이 없습니다.

둘째, 기존풍수의 잘잘못을 지적하고자 합니다. 명당에 관한 모든 것을 확실히 알게 함으로써, 풍수가도 속고 일반인도 속는 일이 더이상 반복되지 않게 하려는 것입니다.

셋째, 바람직한 장묘문화를 위한 실질적 대안을 제시하고자 합니다. 이는 점점 심각해지는 문제가 아닐 수 없으므로 올바른 대처가 무엇보다 시급합니다. 필자가 밝히는 자연의 섭리를 제대로 이해하면, 앞으로 이 세상에서 죽은 자와 산 자가 어떻게 공존할 것인가의 방향이 뚜렷이 설정될 것입니다. 이는 종교를 초월하는 문제이며, 산 자와 죽은 자 그리고 우주와의 관계를 정립하는 문제입니다. 우리 세대의 이 업적이 앞으로 국가와 민족 그리고 인류의 우주적 합일의 시금석이 되었으면 합니다.

특히 대학이나 학원에서 풍수지리를 강의하시는 분이나 풍수지리책을 저술하신 분들에게는, 여태까지 남보다 풍수책을 많이 읽었더라도 이제부터는 잘못된 풍수지식으로 국민들을 더이상 오도誤導하지 말 것을 권합니다. 풍수지리의 참뜻을 알고 자연의 이치를 먼저 알고 난 후 저술이든 강의든 해주시기 바랍니다. 앞으로 명당을 가지고 남을 속이거나 남에게 속는 일이 없어야 하겠습니다. 특히 묘지로 인해 필요 없는 환경파괴가 일어나지 않았으면 합니다.

무엇보다 인간의 욕심으로 인해 화를 초래하지 말아야 합니다. 명당에 묘를 쓰는 것은 인간의 의지대로 되는 것이 아닙니다. 명당은 땅과 하늘이 선택한 자에게 내리는 복입니다. 인간의 욕심으로 묘를 쓰면 복이 오는 대신 오히려 화를 불러들입니다.

이제 명당의 원리를 공개하려고 하니 그 기쁨에 앞서 두려운 생각이 듭니다. 옛 고승들은 진리를 알았지만 전달할 방법이 없었습니다. 표현할 수단도 없었고, 표현할 수 있다손 치더라도 오늘날의 인쇄매체와 같은 전달수단이 없었기 때문에 진리 전수에 한계가 있을 수밖에 없었습니다. 그리하여 잘못 전해질 경우의 폐단을 두려워하여 혼자만 진리를 알고 세상을 살았던 것입니다.

그러나 지금은 다릅니다. 진리를 전달할 방법이 있음에도 이를 전하지 않는 것은 오히려 천지에 대한 도리가 아닙니다. 그리하여 옛 고승들이 알고 있었던 올바른 이치를 세상에 내놓음으로써, 그동안 우왕좌왕했던 풍수이론을 바로잡고 잘못된 민심을 바로 잡아야 한다고 생각했습니다.

땅과 하늘, 인간이 하나이고, 물질과 비물질이 하나며, 생명체와 비생명체가 하나이고, 가는 것과 오는 것이 하나이며, 마음과 마음 아닌 모든 것이 하나입니다. 자연이란 인간의 분수 넘치는 욕심은 인정하지 않습니다. 오직 순리대로 사는 삶을 귀하게 여길 뿐입니다. 독자 여러분, 이 책을 통해 자연계의 이치를 이해하고 아름다운 삶을 살아가길 바랍니다.

어쩌면 현대의 많은 사람들은 이 책의 내용을 이해하지 못할 수도 있습니다. 그러나 필자는 시간이 흐르면서 진리는 스스로 그 빛을 발할 것이라 믿으며, 그 인류의 진보와 발전을 기약하고 싶습니다.

이 책에 기록된 내용들은 풍수지리이론이 생긴 후 역사상 처음으로 공개되는 것입니다. 혈에 관한 한 필자가 모든 책임을 지고 공개하는 것이며 이 책을 통해 혈을 찾는 방법 등 모든 궁금증을 풀 수 있으리라 확신합니다. 될 수 있는 한 이해하기 쉽게 쓰려고 노력했으나 독자들의 오랜 잘못된 관념으로 인해 이해되지 않거나 의문이 생기는 부분이 있을지 모릅니다. 그런 분들을 위해 앞으로 지속적으로 모든 것을 공개하겠습니다.

이 책을 쓰기까지 음양으로 도와주신 강원대 이학동 교수님과 동국대 정명호 교수님, 출간해주신 정신세계사 정주득 사장님, 그리고 내용정리를 포함하여 출간에 이르기까지 물심양면으로 노고를 아끼지 않으신 수원대 이원영 교수님께 이 자리를 빌어 깊은 감사의 말씀을 드립니다.

2005년 여름

금주리 서재에서 **덕 원** 德圓 올림

2부 사찰명당 및 서원명당

5부 우리 자연에 맞는 장경 葬經

부록CD　명당 20곳 실제 청광작업 사진 312매 수록

1부
명당의 형성 원리

기氣란 무엇인가?

명당은 기氣의 존재와 밀접한 관계가 있다. 기라는 말이 처음 등장하는 문헌은 중국의 시조始祖로 보는 황제黃帝가 자부진인紫府眞人의 가르침과 소녀素女의 도움을 받아 지었다는 『황제내경黃帝內經』이다. 기란 글자는 원래 쌀 미米가 없이 사용되어 '구름'을 뜻했다. 뭉게구름의 형상을 본 뜬 글자였다.

그 후에 운雲 자가 '구름'의 뜻으로 사용되면서 기란 글자는 쌀 미米를 넣어 '기운'의 의미로 바뀌었다. 즉, 하늘에 뭉게구름이 피어오르는 것처럼 보이지 않는 힘, 또는 움직임의 의미로 사용되었다.

기氣 세계의 시원은 우리 민족으로부터 . . .

불교가 들어오기 전 우리 민족 고유의 신앙으로 자리잡고 있던 것은 삼신교三神敎이다. 이것은 배달교, 신교神敎, 선교仙敎, 신선교神仙敎 등의 이름으로 불린다. 세계 최고의 경전이라 일컬어지는 『천부경天符經』, 『삼일신고三一神誥』, 『참전계경參佺戒經』 이 세 가지 경전이 그 교리를 구성한다. 그런데 놀라운 것은 이 경전이 중국의 『황제내경』보다 앞질러 기를 가르치고 있다는 사실이다. 또한 체계에 있어서도 『황제내경』보다 뛰어나다.

우리 민족의 옛 경전인 『삼일신고』는 환웅천왕 시대인 기원전 3897~3804년경에 녹도문자鹿圖文字로 기록된 것이라 하는데, 기에 대한 최초의 기록으로는 중국의 『황제내경』보다 앞선 것이다. 기와 그 수련에 대해서만큼은 우리나라가 시원始原 국가라 할 수 있다. 그런 연유 때문인지는 몰라도 예부터 우리나라에 불교의 고승들 외에도 수많은 진인眞人과 선인仙人들이 살았다(참고로 말하면, 고대 한족漢族의 주식은 쌀이 아니라 밀이었고 동북아시아 문명권에서 쌀을 주식으로 하는 민족은 우리 민족이었다. 그러므로 쌀[米]이 들어 있는 기氣는 처음부터 우리 민족이 다루었다).

고대 동양에서는 모든 우주만물의 구성 요소를 물질과 본질로 보고, 기가 모이고 흩어지는 데 따라 모든 존재 현상이 생겨나고 없어진다고 생각했다. 그리하여 기를 생명의 근원으로 보기도 했다. 한漢시대에 접어들면서 음양오행陰陽五行 사상이 발전하고 기의 이론이 복잡하게 전개되면서 우주 자연의 운행, 천문·지리, 그리고 양생養生의학 및 길흉화복과 관련되는 일상생활에까지 기를 적용하여 모든 것을 설명해나갔다.

송宋대에 와서는 유가儒家에서 이理의 존재를 생각하게 되면서 그것에 대치되는 개념으로 기氣를 다루어나간다. 모든 존재의 원인 또는 이치로서 형이상形而上의 보편자를 이理라 했고, 기氣는 형이하形而下의 구체적 개체의 존재 현상으로 생각하여 이기理氣철학의 중요개념으로 다루었다.

송나라 때 성리학性理學이 성립되자 이理 개념이 이러한 설명에서 중요한 자리를 차지하게 되었고, 이에 따라 이와 기를 유기적으로 결합한 이기론理氣論이 확립되었다. 실제로 성리학에서 이理라는 개념을 정립하고 이를 바탕으로 이기론을 체계화한 사람은 이정자(二程子 ; 정호·정이 형제)라고 할 수 있다.

성리학에서 이와 기의 상호관계를 설명하는 대표적인 명제로, 이와 기는 서로 떠날 수 없으나 서로 섞이지도 않는다는 말이 있다. 성리학에서 만물의 본질적 존재인 이와 만물의 현상적 존재인 기는 따로 존재하는 별개의 것이 아니라 하나로 연결되었다는 주장이 이기일원론理氣一元論이고, 만물의 존재가 이와 기의 두 요소로 이루어졌다고 설명하는 것이 이기이원론理氣二元論이다.

우리나라에서는 서경덕徐敬德이, 기 밖에 이가 없으며 이는 기를 주재하는 것이라 하여 이기일원론적인 입장을 취했고, 이이李珥는 기본적으로 이기이원론을 계승하면서도 이와 기는 혼연하여 그 틈이 없고 서로 떨어지지 않으므로 다른 물건이라 할 수 없다고 함으로써 이기일원론적인 입장도 수용했다.

기氣란 무엇인가? . . .

그렇다면 기란 무엇인가?

주자학朱子學을 대성한 주자朱子는, 세상에 있으며 눈에 보이고 접촉할 수 있는 물질적인 것을 정精이라 부르고, 눈에 보이지 않고 접촉할 수 없는 것을 신神이라 하며, 정精과 신神의 중간을 중재하고 우주를 유지하고 구성하는 근본적인 힘을 기氣라 했다. 중국 진나라 시대 갈홍葛洪이라는 사람이 지은 『포박자抱朴子』라는 책에는 대저 인간은 기 안에 있고 천지 만물에 이르기까지 기를 갖고 생生하지 않는 것이 없다고 했다.

현대 물리학에서는 질량과 에너지를 측정할 수 없는 것은 그 존재 범위에 포함시키지 않는다. 따라서 물리학적인 관점에서 기라는 것은 존재하지 않는다. 이것이 물리학과 서양에서 보는 기의 개념이다.

그러나 동양의 옛 선인仙人들은 기의 성질 가운데서 생명력에 가치를 두고 기를 강하게 함으로써 건강을 지키고 정신을 바로잡는 수도와 양생을 알고 있었다. 그리고 그 방법을 꾸준히 연구하면서 사람의 몸에서 기가 없어지면 죽는다고 결론내렸다.

1970년대 후반부터 활발해진 중국의 기 연구에서는, 기를 미립자微粒子 상태의 적외 전자파赤外電磁波, 또는 일종의 생명 전류라고 논문에 밝혀놓았으며, 어떤 이는 기를 전기와 같다고 하고, 어떤 이는 열에너지와 비슷하게 보고, 또 어떤 이는 전자파와 같다고 했다.

그러나 기는 현재까지 밝혀진 그 어떤 것도 아니다. 존재는 하나 그 실체는 증명되지 않았다. 열에너지는 그 세기 단위인 칼로리가 있고, 지자기地磁氣는 가우스라는 측정 단위가 있으며, 전자파電磁波는 주파수와 출력의 강도를 측정할 수 있고, 빛도 그 밝기와 파장을 구별할 수 있어 계측이 가능하지만 기는 아직까지 측정되지 못하고 있다.

기氣의 통로인 경락經絡의 존재가 확인되다...

근래에 와서 많은 과학자와 의학자들이 기에 지대한 관심을 보이고 있다. 그러나 아직 연구가 진행중인 단계여서 그것을 무어라고 단정짓기는 힘들다. 다만 기라는 것은 분명히 존재하며, 각 물체마다 그 특유의 기가 있다는 것만은 확실하다.

동양의학에서는 고대로부터 인체의 기 통로를 경락계經絡系라는 실체를 설정하여 인정하고 이를 질병의 치료에 응용했다. 그러나 그 실체가 증명되지 않았기 때문에 서양의학에서는 미신 취급을 받아오다가 1960년대에 북한의 의학자인 김봉한 씨가 기술적으로 기를 촬영했다 하여 세계 의학계를 놀라게 한 적도 있었다. 그러나 여러 가지가 미비하여 확고한 학설로 인정은 받지 못했다.

그러다가 1970년 중국에서 사람을 마취하지 않고 침으로 수술하는 것이 알려지면서 우리 인체에 경락계라는 것이 있음이 밝혀졌다. 1998년에는 캘리포니아 대학 교수이자 재미과학자인 조장희趙長熙 박사가 경락의 존재를 자기공명촬영장치M.R.I.로 촬영하여 미국의 과학전

문지 『디스커버리』 9월호에 발표했다는 사실이 신문에 보도되었다(『동아일보』 1998년 8월 24일자). 조장희 박사의 공적으로 비로소 경락계는 세계 의학계에서 확고한 학설로 인정받게 되었다.

관념의 세계와 실재의 세계는 다르다 . . .

1600년대 영국의 길버트라는 학자는 작은 의문에서 출발하여 전기를 발견했다. 그 발견으로 인해, 과거에는 하늘의 조화로만 생각되던 번개가 +−의 전기작용에 의한 것임이 밝혀졌다. 그리고 400년이 지난 현대를 살고 있는 우리는 전기 없이는 아무것도 할 수 없게 되었다. 氣도 마찬가지다. 기원전 수천 년 전부터 기의 존재를 인정한 우리 조상들이 있었고 기원전 3000년 전의 이집트 피라미드처럼 인공적으로 기를 활용한 예도 있으며 현재는 세계적으로 기 연구가 활발히 진행되고 있으므로 어느 시대에 가면 그 실체가 밝혀질 것이다.

▌번개는 얼마전까지만 해도 인류 지식으로는 이해할 수 없는 신비였다 (『교원사이언스가이드』 2권 운동과 전자기 51쪽)

▌번개가 전기임을 증명하는 벤
자민 플랭클린(번개칠 때 금속
으로 된 연을 띄워서 불꽃이
튀는 것을 증명해 보였다 (『교
원사이언스가이드』 22권 날씨
의 원리와 현상 51쪽)

　　소위 '과학적인 방법', 엄밀히 말하면 '21세기 초 현재 인류의
지식수준에서 과학적인 방법'으로 검증되지 않았다고 해서 그 존재가
부정될 수는 없다. 과거의 '번개'와 마찬가지로 말이다. 인류가 갖는
관념의 세계와, 우주 및 지구 그 자체의 실재의 세계는 별개의 것이다.

　　아직은 기가 무엇이며 무슨 작용을 하는지도 인정받지 못하는
것이 현실이지만 기는 실제로 존재한다. 현대과학으로는 기가 밝혀지
지 않았지만 분명히 존재하며, 우주만물의 유기물이든 무기물이든 각
개별 물체는 특유의 기를 가지고 있다. 그리고 그 기를 찾아 활용 방법
을 연구하는 것이 바로 풍수지리학風水地理學이다.

명당은 있는가?

명당明堂이란 임금이 혈穴자리에 앉아 신하들의 조회朝會를 받는 정전正殿을 말한다. 일반인들은 보통 혈자리를 명당이라고 한다. 그러니까 혈 앞의 약간 너른 공간을 명당이라 하던 것이 오늘날 혈과 같은 뜻으로 쓰이게 된 것이다.

요즘 일반인들은 '명당은 없다. 옛날에 다 쓰고 현재는 남은 것이 없다'고들 한다. 하지만 실제로 명당은 무한정으로 많이 남아 있다. 또한 명당은 따로 있는 게 아니라 마음 먹기에 달렸다고 생각하는 사람들이 있다. 즉 명당이라고 생각하는 자리가 바로 명당이라는 것이다. 그러나 이는 땅과 자연을 너무 모르고 하는 말이다.

명당은 무수히 많다 · · ·

만약 지구상에 명당이 없다면 사람을 비롯한 동식물은 기가 부족하여 죽거나 병들게 되고, 태초부터 명당이 없었다면 인간이나 동식물의 구조는 다른 형태였을 것이다. 이는 기 작용 때문이다. 명당은 땅속으로 흐르는 기맥氣脈이 '공기중에 있는 기[外氣]'를 흡수하고 배출하는 땅의 숨구멍이며 공기 속의 기를 조정하는 곳이다.

우리나라 고유의 바둑은 순장바둑이며 현재 우리가 사용하는 바둑판은 일본에서 건너온 것이다. 우리 순장바둑판은 풍수이론의 결집체로 스승이 제자에게 풍수지리이론을 전승하는 방법이었다. 이 바둑판에 표시된 것을 깨우치면 풍수 일을 하고, 깨우치지 못하면 풍수에 관계되는 일을 하거나 풍수에 관계되는 일을 남에게 조언해서도 안 된다는 뜻이다.

이를 설명하면 자연에서 기는 상하上下로 움직이고 수(지하수)는 좌우左右로 움직이는데, 바둑판의 가로·세로줄은 기와 수를 표시하는 것이고, 가로·세로가 만나는 점은 기와 수가 만나야 혈穴을 맺는다는 의미이다.

중앙에 천원天元 하나와 360개의 점이 있는데 천원은 진짜 혈을, 360개의 점은 가혈(허혈)을 표시하는 것이다. 산에서 혈을 찾을 때는 이처럼 가혈이 많으니 신중을 기하라는 뜻이다.

가로·세로는 각각 19줄이다. 우리 동양에서는 1·3·5·7·9를 양수陽數라 하고, 2·4·6·8·10을 음수陰數라고 하는데, 이때 양

의 제일 큰 수 9와 음의 제일
큰 수 10의 합은 19이다. 19
라는 수는 무한대를 나타낸
다. 이는 무한대의 기와 무
한대의 지하수가 만나 무한
대의 명당을 만든다는 의미
이다.

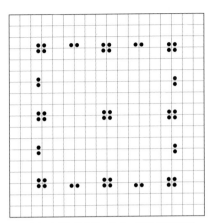

▌ 명당의 이치를 설명하는 우리 고유의 순장바둑판

바둑판은 명당의 원리를 설명한 것 ● ● ●

이 바둑판의 19개 줄 중에서 화점花點이 있는 3개의 선은, 개별 산마다
3개의 맥선이 돌고 있다는 뜻이다. 그리고 선 하나에 3개의 화점이 있
는 것은 맥선 하나에 天·人·地 3개의 명당이 있음을 의미하며, 9개
의 화점은 하나의 산에 보통 9개의 명당이 있다는 뜻이다. 그리고 9개
의 화점 중에 가운데 있는 점, 즉 명당은 반드시 8방향에서 외기가 모
여야 하고, 9개의 명당 중에서 하나는 크니까 큰 것을 먼저 찾으라는
의미이다. 그래서 중앙에 있는 것을 그냥 화점이라 하지 않고 천원이
라고 한 것이다.

천원 이외의 화점 8개는 눈에 보이는 땅위는 8방향에서 외기가
모여야 하고, 땅밑은 8개의 지하수가 필요하며, 혈 주위에는 지하수가
8방향으로 돌고 있다는 뜻이다. 또한 화점의 점 4개는 사신사四神砂, 즉

4방위를 말하며 점 2개는 맥선과 맥선 사이에는 가는 실맥이 2줄로 흐르며 명당은 음과 양의 조화가 맞아야 한다는 뜻이다.

이러한 풍수이론을 나타내는 이 판이 언제부터 바둑판으로 변해 바둑이라는 오락과 스포츠에 응용되었는지는 모르겠다. 그러나 분명한 것은 수水와 기氣가 합해져야 혈穴이 맺히며 그 혈은 무한대로 존재함을 이 판이 나타낸다는 것이다.

바둑의 수手는 무궁무진하다고 하는데 그러니 무한대를 표시한 줄과 점에서 일어나는 현상은 얼마나 무궁무진하겠는가? 이 무궁무진한 바둑의 수 중에 나름대로 연구하여 흑백간에 손해가 없도록 수를 정해놓은 것을 바둑의 정석定石이라 한다. 이와 같이 바둑의 정석은 흑백간 이해득실이 없도록 원만하게 조정했지만 풍수이론에서는 한치의 오차도 있어서는 안 된다.

이렇게 많은 명당을 두고도 명당을 귀한 것으로 여기게 된 것은 잘못된 풍수이론 때문이다. 전통 풍수이론에 따르면 우리나라의 맥은 중국의 곤륜산崑崙山에서 시작하여 만주 벌판을 거쳐 우리나라의 영산 백두산에서 힘을 받아 백두대간을 타고 내려오면서 가지를 내리고, 그 가지에서 열매인 혈을 맺는다고 한다. 그러나 이것은 잘못된 이론으로, 흐르는 맥脈을 하나로 본 데서 생긴 오류다.

즉, 백두산에서 내려오는 백두대간의 산이 생룡生龍인지 사룡死龍인지 구분하고, 급히 내려올 때는 박환剝換하여 유순한 산으로 바뀌어야 하고, 장풍득수藏風得水가 잘되어야만 혈을 맺는다는 산세론 때문이다. 맥을 하나로 보니 '맥 하나에 가지를 쳐봐야 얼마나 많이 쳐서 열매를 맺게 하겠느냐?' 같은 생각을 하게 된 것이다. 그리하여 명당은 드물다고 여겨졌고, 옛날의 왕족이나 권세 있는 집에서 다 쓰고 현재는 없다는 말이 생겨났다.

맥은 개별 산마다 내려온다 · · ·

그런데 사실 맥은 하나가 아니다. 백두산에서 백두대간의 산맥을 타고 흐르는 것이 아니라 개별 산마다 따로 원圓으로 돌고 있다. 큰 산은 큰 산을 중심으로 작은 산은 작은 산을 중심으로 기맥선氣脈線이 흐르며,

▌평생 백성을 위한 학문을 하신 다산 정약용 선생의 묘소
팔당댐 부근에 있는 이 묘소는 거의 정확하게 혈자리에 맞물려 있다

| 성웅 충무공 묘소
서애 유성룡 대감이 써준 것으로 짐작되는 이 묘소는 81수 대명당에 한치의 오차도 없이 안치되어 있다. 새삼 천지의 법도가 있음을 깨닫게 해준다

산에서 내려오기만 하는 것이 아니고 산으로 오르기도 한다. 사람은 각자 몸안에 경락맥이 있어 30분을 주기로 몸전체를 돌듯, 개별 산들은 각각의 기맥선을 따라 맥이 흐른다. 이와 같이 자연의 모든 것은 같은 원리로 움직인다. 지구상의 모든 기는 하나로 연결되어 있는 것이다.

이 맥선은 산 하나를 별개의 개체로 봐야지, 산과 산이 땅으로 이어졌다고 하여 한 덩어리로 보는 것은 풍수지리 개념이 아닌 지질학적 개념이다. 전체 산의 맥줄기를 하나로 보는 기존의 전통 풍수 개념에서는 명당은 귀하고 몇 백리를 가야 겨우 하나 찾을 수 있다고 보았다. 그러나 실제로는 산마다 각각 별도의 기맥선이 있고 이 기맥선 하나마다 3개에서 많은 경우 9개의 명당이 있다.

옛날 당나라 양균송이 '지사地師와 명당明堂은 있는데 이에 묻힐 사람이 없다'고 한탄했다는 기록이 있다. 필자가 보기에도 현재 명당은 무한대로 많은데 이를 아는 지사가 없고, 예부터 덕을 쌓은 사람만이 명당을 얻을 수 있다고 했는데 이런 사람이 없음에 한탄스러울 뿐이다.

결론적으로 명당은 무수히 많다. '명당은 없다, 명당을 본 일이 없다' 라고 하는 이는 자연의 이치를 전혀 모르는 사람이다.

풍수지리는 자연과학이다

오늘날 우리는 서양식 교육을 받았기 때문에 경험론적이며 분석적인
입장에서 기술된 이론만 인정하고 받아들인다. 반면에 우리의 관념적
인 전통적 표현은 쉽게 인정하거나 받아들이지 않는다.

풍수지리가 자연과학이냐, 전통적으로 내려오는 민간사상이냐, 미신
또는 잡술이냐를 놓고 각기 맹목적으로 주장만 하고 있는 현실에서, 필
자는 풍수지리가 자연과학임을 주장하며 그 이론과 실제를 증명하고자
한다.

　　　현대과학에서 과학적 현상이란 지속적인 관찰과 실험을 통해 통
일된 결과가 반복적으로 나오는 경우에만 그 이론을 인정한다. 풍수지
리에서 혈의 형성 원리를 터득하고 일정한 지식과 수련을 거쳐 기맥과
지하 수맥파를 감지할 능력이 있는 사람은 반복해서 혈을 찾을 수 있으
며 그 혈 안에서는 비석비토非石非土나 오색토五色土가 틀림없이 나온다.
분명코 풍수지리는 자연과학인 것이다.

시중에 유통되는 풍수지리 관련책들은 잘못된 '멸만경滅蠻經' 이다. 잘못된 책에서 배운 지식으로 명당을 찾을 수 없음은 상식이다. 내용이 자연과 맞지 않는 책에서 지식을 얻었으므로 몇 십 년을 풍수가로 일한 이들도 비석비토나 오색토가 나오는 혈을 구경조차 하지 못하는 것이 우리의 현실이다. 그러나 혈을 찾지 못하는 것은 풍수가의 실력이 부족한 것이지 혈이 없어서가 아니다. 서투른 기술자의 손에서 나온 불량품을 놓고 '과학적이지 못하다' 고 하는 것은 말이 안 된다.

혈토穴土가 나오지 않는 자리를 명당이라고 잡아주는 이름있는 풍수가의 말을 따라 그곳에 조상의 묘자리를 쓰고 나면, 발복은 고사하고 흉한 일만 계속해서 일어나므로 풍수를 미신이나 잡술로 부정하는 것도 당연한 일이다.

풍수지리의 핵심 . . .

풍수지리이론이 이런 취급을 받게 된 데는 옛 선인들의 책임이 크다. 자연이 만들어놓은 열매인 혈이 어떻게 형성되었고 모양과 크기는 어떠한가를 아는 사람이 분명 있었을 텐데 기록으로 남기지 않은 탓이다. 또한 헤아릴 수 없이 많은 혈이 있는데도 이를 발견할 수 없는 실력으로 풍수 일을 하고 있는 풍수가들의 잘못도 크다.

풍수지리의 핵심은 음택陰宅 이론과 양택陽宅 이론이다. 땅속의 기맥과 지하수의 상호관계에 의해 형성되는 혈을 어떻게 이용할 것인가에 대한 것이 음택 이론이며, 평지에 있는 혈을 이용하거나 기맥과 지하수의 방향을 이용하는 것이 양택 이론이다.

그러나 선인들은 이 핵심과 관계없이 물[陽水]과 바람[風]의 상호 관계로 풍수를 파악했다. 그리고 기맥이 중국의 곤륜산에서 시작하여 우리나라의 백두산으로 흐르는 것으로 잘못 표기되어 있든 말든, 기맥선이 조종산祖宗山에서 시작하여 주산主山을 거쳐 혈로 오는 것으로 잘못 표기되어 있든 말든, 풍수이론책의 잘못은 그대로 덮어두고 자신만 알면 된다는 식이었다. 또한 자연은 모든 것이 원圓으로 돌고 있다는 사실을 알면서도 다만 몇 곳의 명당에 묘를 써주는 것으로 스스로 만족하고 기록으로는 남기지 않은 선인들의 책임이 크다고 하겠다.

이로 인해 일반인들의 호기심만 더 크게 유발했다고 본다. 만약 필자가 기록하는 자연 현상들이 일찍이 세상에 완전히 공개되었다면, 일반인들의 풍수 개념이 추상적이거나 미신과 잡술로 변하지는 않았을 것이며 다만 올바른 풍수가가 없다고 생각할 것이다. 풍수지리 분야가 단순히 조상의 무덤이나 만드는 것으로 여기는 일반적 개념에서 하루 빨리 벗어나야 한다.

야생동물들은 명당을 알고 있다 . . .

사람의 눈에는 보이지 않는 기氣가 있음이 수천 년 전부터 강조되어왔는데, 실제로 야생동물들은 직감적으로 기를 상처나 질병에 이용하고 있다. 독자들도 간혹 산의 양지 바른 곳에 야생동물들이 모여 있음을 보았을 텐데 이를 더욱 세심히 관찰하면 그곳이 일정한 장소라는 것을 알 수 있다. 이처럼 동물들이 모여 있는 곳이 바로 혈자리이다. 그런데 만물의 영장이라는 사람이 그곳을 찾지 못해 명당이 없다고 하고 있으니 안타까울 뿐이다.

　　풍수지리가 얼마나 많이 응용될 수 있는 분야인지 생각해보자. 조상의 묘지를 활용하여 동기감응同氣感應으로 간접적으로 기를 얻고, 기맥선과 지하수가 흐르는 방향에 맞게 주택을 지으면 안락하고 편안한 생활을 할 수 있다. 또한 국토 건설이나 도로 확장으로 없어지는 혈토穴土를 환자 치료에 이용하는 직접적인 방법과, 수해 예방과 물 부족을 해결하기 위해, 그리고 풍토병 방지를 위해 주택의 재료로 어떤 것을 사용해야 하는지 그 예방 방법 등이 풍수지리에서 취급해야 할 분야이다.

기氣를 증명하지 못하는 현대과학 ● ● ●

풍수지리의 근본은 우주 속에 있는 기, 작게는 지구에 있는 기를 인간이 어떻게 이용할 것이냐에 있다. 그러나 기가 어떤 것인지 현대과학이 증명하지 못하고 있는 현시점에서, 이런 일들은 시기상조이며 모순이다.

　　우리의 옛 선조들은 우주에 기가 있다고 보았다. 이 기를 작은 단위로 이용한 것이 음택陰宅이고 그 다음으로 양택陽宅에 이용했으며,

그 다음에 양기陽氣풍수라 하여 도성을 짓거나 선택할 때 이용했다.

이들은 각각의 원리가 있다. 음택은 자연의 열매인 혈을 찾아 사용하며, 양택은 평지에 있는 혈을 이용하거나 기맥선과 지하수의 방향에 맞추게 한다. 양기풍수를 이용한 도성은 주위에 있는 산과 강을 이용하여 적의 침입과 전염병의 경로를 차단하는 데 목적을 두었다. 이때 그 주위의 산과 강을 그저 산과 강으로만 보지 않고 그 산이 음룡陰龍인지 양룡陽龍인지, 강과 물이 양수陽水인지 음수陰水인지 구분하여 기의 흐름을 파악하고 궁궐이나 청사廳舍 방향을 정해 지어야 한다.

그런데 이런 원리를 모르는 풍수가들이 함부로 짓다보니 조선시대의 한양과 경복궁이 명당이다 아니다를 놓고 각자의 눈으로 판단하여 왈가왈부하면서 정확한 결론 없이 오늘까지 내려온 것이다.

기氣를 제일 잘 활용한 나라는 신라 . . .

자연의 기를 제일 잘 활용한 나라는 신라新羅이다. 다른 어떤 이유보다도 기의 파장을 잘 활용했기 때문에 천 년의 역사를 유지한 것으로 생각된다. 세계 역사상 단일 민족국가 체제로서 천 년의 긴 세월을 유지한 나라는 신라 이외에는 없는 것으로 안다.

기의 흐름은 인간과 사회와 국가에 엄청난 힘을 발휘할 수 있다. 풍수를 연구하는 학자들이 현 단계에서 제일 먼저 해야 할 일은 기가 무엇인지 과학적으로 증명하는 것이다. 주관적으로 기를 증명하는 것

▎ 경주의 왕릉들
태종무열왕, 선덕여왕, 신문왕 등 나라 발전에 기여한 왕들은 예외 없이 대혈에 안치되었다

이 힘들면 이론이라도 정립한 후 시대에 맞는 풍수지리 발전에 힘써야 할 것이다. 현실에 맞지 않는 옛날 풍수서적에 의거하여 조선시대의 왕릉이 명당이다 아니다를 논하는 것보다는 자연과학의 일부분으로서 풍수지리 이론을 정립하는 일이 시급하다.

하나의 예로 겨울철 북서풍의 찬바람은 사람이나 시신에게는 피해를 주지만, 전라도 영광굴비나 대관령의 황태나 남해 바다의 미역은 북서풍을 맞지 않으면 맛이 없어 상품가치가 떨어진다. 이와 같이 여러 가지 사물에 기가 어떻게 작용하는지 풍수이론으로 풀어주어야 한다.

조선시대 왕릉의 묘가 좋으면 어떻고 나쁘면 어떻게 할 것인가.

『정감록』의 '십승지+勝地'나 조선시대 이중환이 지은 『택리지擇里志』의 살기 좋은 땅이 '명당이다 아니다'를 현시점에서 논하여본들, 풍수지리이론은 옛날의 길흉화복이나 찾는 시대에 뒤떨어진 음양이론으로 후퇴하고 말 것이다.

'십승지'란 원래 10명 이상의 시신을 묻을 수 있는 대혈을 의미한다[十乘地]. 이 대혈을 찾아 평생을 소비한 풍수가가 많았음은 야사野史에도 많지만 참위설讖緯說에 도용되면서 십승지+勝地의 의미로 변했다. 현재 이 십승지를 살기 좋은 곳으로 여기는 사람은 별로 없을 것이다. 풍수이론은 시대에 따라 발전해야 하며 자연과학으로 발전할 수 있는 충분한 여건을 구비하고 있으므로 풍수이론가들은 하루 빨리 과거의 생각에서 탈피해야 한다.

피라미드는 인공명당이다

이집트의 피라미드는 지구상에 있는 7대 불가사의의 하나로 꼽히면서 불가사의한 건조물로 인정받고 있다.

이집트 카이로 남서쪽 15킬로미터 지점에 위치한 기자 지역에 최대의 피라미드가 있는데, 바로 쿠푸왕의 피라미드이다. 이 거대한 무덤은 높이가 146.5미터에 이르고(현재 137미터) 밑변 4변의 길이는 약 230미터이다. 각 능선이 동서남북을 정확히 가리키고, 평균 2.5톤의 돌 230만 개(무게 600만 톤)로 쌓아올린 이 거대한 쿠푸왕의 무덤은 약 5000년 전에 만들어졌다. 현재는 각자의 시각에 따라 '영혼 불멸사상에 의해 만들어졌다', '미술품이 위대하다', '토목공사가 거대하고 정밀하다' 등 여러 가지 의견이 나오고 있다.

불가사의한 피라미드의 힘 ● ● ●

풍수지리이론에서 맥脈의 발생원리를 현대적으로 쉽게 설명하기 위해 피라미드에 관해 설명하겠다. 모 방송국의 〈미스테리 법정〉이란 프로에서 피라미드에 관한 방송을 내보낸 적이 있다.

　'이집트 기자 지역에 있는 피라미드로 1930년 프랑스인 보비스라는 사람이 여행을 갔다. 그는 고양이 시체가 피라미드 안에서 사막의 습도와 열기에도 썩지 않고 미라가 되어 있는 것을 보고는 피라미드형의 삼각형 구조물을 만들어 과일로 실험한 결과 썩지 않고 마른다는 사실을 알게 되었다. 그 소문에 관심을 보이던 체코인 드라브라는 이 삼각형 구조물에서 면도날이 재생되는 것을 발견하고는 이를 10년간 연구한 후 1959년, 체코 정부에 면도날 재생특허를 신청했다. 이 같은 일들은 그 후 불가사의한 일로 인정되다가 최근 러시아의 피라미드 연구소에서 농작물의 종자 개량을 실험하여 그 연구결과로 러시아 농작물 성장촉진에 관한 특허를 러시아 정부에 냈다.'

　우리나라에서는 1995년, 포천에 사는 민병성 씨가 사업차 러시아에 갔다가 피라미드형 삼각구조물을 이용하여 농작물의 종자를 개량하고 있다는 사실을 알게 되었다. 그리하여 자신의 농장에 피라미드형 삼각구조물을 이용하여 무 · 배추의 씨앗을 실험한 결과 러시아에서와 같은 증산 효과를 얻었으며 또한 병충해에도 강하다는 결론을 얻었다. 이는 국내 피라미드 연구회가 조직되는 계기가 되었다.

　또한 국내 과학계를 대변하여 한국과학기술연구원의 정문조 박사는 피라미드형 구조물에서 우유가 부패하지 않는 등 현대과학에서는 발견되지 않는 어떤 에너지의 작용이 있음을 발견하고 앞으로 많은 연구가 있어야 할 것이라고 밝혔다.

이렇다보니 삼각형 구조물인 피라미드를 연구하는 사람이 많아지고 있다. 병이 있는 환자가 완치된 사례, 건축의 지붕 모양에 활용하는 건축가, 생활풍수라면서 집안에 삼각형 구조물인 피라미드를 설치하도록 권유하는 사람, 심지어 피라미드 안에서 명상을 하는 사람 등 피라미드를 이용하는 사람이 많아지고 있다. 이와 같이 피라미드에는 현대과학이 모르는 어떤 힘이 존재하고 있음을 방송에서 보여주었다. 현대과학이 모르는 이 힘은 바로 풍수지리에서 말하는 기氣이다.

피라미드와 풍수지리의 기는 같은 원리 . . .

피라미드를 세우면 공기중에 있는 기가 피라미드를 중심으로 모여들어 새로운 선線을 형성하고 원圓을 만들면서 피라미드를 돌게 된다. 이 돌아가는 기의 원이 풍수지리에서 말하는 맥脈이다. 우리가 매일 숨쉬는 공기空氣는 공空 안에 기氣가 있다는 말이다.

피라미드를 만들어 세워두면 어떤 힘으로 인해 면도날이 재생되고 농작물의 종자가 개량되며 환자가 치료되는 것일까. 이는 피라미드를 중심으로 원으로 돌아가는 기의 힘에 의해 이루어지는 것이다.

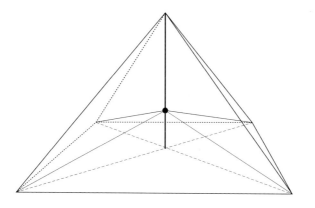

| 피라미드의 원리
피라미드의 높이 1/3 지점의 중심에 파라오의 시신이 놓여 있다

5000년 전 이집트의 누군가는 이런 사실을 알았던 것이 분명하다. 피라미드를 세우면 기맥선이 생기고 그 기가 제일 많이 모이는 곳이 높이 1/3 지점이라는 것을 알고 그곳에 왕의 시신을 모신 것이다.

쉽게 말해 피라미드는 기를 제일 많이 모을 수 있는 산을 만들고, 마찬가지로 기를 제일 많이 모을 수 있게 동서남북 방향에 맞추어 사막에 만든 인공명당이다. 결코 불가사의한 사물이 아니다.

인공 피라미드는 특수한 목적으로만 사용해야 ● ● ●

여기서 주의해야 할 것은 피라미드에서 만들어지는 기는 죽은 자를 소생하게 하는 원리로 파장이 강하다는 사실이다. 풍수지리에서 말하는

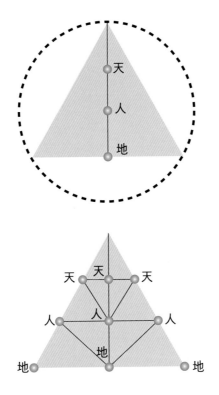

▎천인지天人地 사상과 원과 삼각형의 중심

자연의 기하고는 파장의 차이가 있다.

즉 똑같은 기이지만 피라미드의 기는 강한 기 파장을 이용하는 것이고 명당의 기는 자연의 순환원리에 맞게 인간생활에 이용하는 원리이다.

앞의 방송 내용 중에서 면도날의 재생이나 환자의 질병 치료, 종자 개량 등은 피라미드의 강한 기 파장에 의한 재생의 원리이고, 우유나 과일이 부패하지 않는 것은 강한 기 파장이 우유나 과일을 부패시키는 미생물을 죽이거나 살지 못하게 하는 원리이다. 이와 같이 강한 기의 파장을 잘 이용해야 한다.

우주에 있는 모든 물체의 안과 밖이 일치하는 것이 우주의 원리이다. 따라서 인간의 몸이 안과 밖으로 조화롭지 못하면 질병이 발생한다. 이때 안과 밖의 조화를 잘 이루게 해주는 것이 피라미드의 강한 기파장이지만, 안과 밖이 조화로운 건강한 사람이 피라미드 안에서 오랫동안 명상을 하면 도리어 조화가 깨져 필연적으로 정신질환이 생긴다. 또한 이유 없이 일반주택에 피라미드를 설치하거나 피라미드형 지붕으로 주택을 신축했을 경우에는 강한 기의 파장으로 흉가로 변한다.

기도처인 교회나 성당의 지붕으로는 피라미드형이 좋지만 주거목적의 일반주택은 절대로 피라미드형 지붕으로 신축해서는 안 된다. 피라미드를 만들면 공기중에 있는 기가 피라미드를 중심으로 새로운 맥을 형성하여 원으로 돌게 되는데, 이때 원으로 돌지 않으면 기가 날아가고 만다. 지구가 왜 공전과 자전을 원으로 하는지 생각해보면 이해될 것이다.

산山은 자연형 피라미드 . . .

산은 완전한 삼각형은 아니지만 삼각형에 가까우므로 개별 산을 중심으로 맥이 돌고 있다. 풍수지리에서 산의 맥 형성과 움직임을 설명하기 위해 피라미드의 원리를 설명한 것이다. 맥은 각 개별 산마다 피라미드에서와 같이 원을 만들어 돌고 있다. 각 산은 삼각형과 비슷하지만 삼각형은 아니므로 혈이 맺히는 위치가 다르며 이를 찾기가 어렵다. 완전한 삼각형이라면 높이 1/3 지점에서 찾으면 간단한 것을, 이게 바로 자연의 신비이다.

앞으로는 맥이 산과 산을 타고 흐른다고 말하는 사람이 없기를 바란다. '맥이 백두산에서 출발하여 어느 산을 거쳐왔기 때문에 이곳은 명당이다'라는 표현과 '일제시대에 맥을 끊어 이 산은 맥이 없다'는 말은 잘못되었다. 산맥이 끊어져도 맥은 절단되지 않는다.

맥이 중국의 곤륜산에서 출발하여 산과 산을 타고 흐른다는 것은 수천 년 전 천동설天動說과 천원지방天圓地方 사상에서 나온 것으로 잘못된 것이다. 또한 풍수는 기의 흐름을 잘 이용해야지 단순히 눈에 보이는 산과 패철佩鐵을 이용한 방위에 의존하면 맞을 확률은 1퍼센트도 안 된다.

풍수의 기본
- 음택과 양택

기존의 전통 풍수에서는 산·물·방위를 풍수의 기본으로 삼았다. 즉 산을 중심으로 물이 어떻게 들어오고 어떻게 나가야 하며 어떻게 패철로 방향을 맞추어야 하느냐 등등을 문제삼아왔다.

그러나 산·물·방위는 풍수의 기본이 될 수 없으며 참고사항일 뿐이다. 산은 각기 제멋대로 생겼고 물은 높은 곳에서 낮은 곳으로 흐른다. 패철은 기맥선의 위치와 방향을 모르면 무용지물이므로 기맥선이 정확히 어느 방향으로 흐르는지를 알아야 한다.

이를 자세히 설명하면,

    1. 기는 상하로 움직이고 지하수[陰水]는 좌우로 움직이며 모든 물체는 전후가 있고 안과 밖이 있다. 이것이 8방위이다.

    2. 물은 음수(陰水, 지하수)와 양수(陽水, 지표수)가 있다. 음수에는 건수乾水 지하수와 수맥이 있고, 양수陽水에는 물의 흐름이 완

만한 양수와 물의 흐름이 급한 음수가 있다.

3. 산은 음룡陰龍과 양룡陽龍으로 구분한다. 산은 배면背面이 있고 음룡에는 양룡과 음룡이 있으며 음룡에도 음룡과 양룡이 있다.

4. 기는 내기內氣, 외기外氣로 구분하고 천기天氣, 지기地氣로 구분한다. 내기·외기·천기·지기는 같은 것이다. 땅 안에 있으면 내기이고 땅 밖에 있으면 외기이다. 혈과 맥이 호흡작용을 하면서 기를 뿜어내면 천기·외기가 되고 기를 흡수하면 지기·내기가 되는데 모두 같은 것이다.

5. 혈은 천기·지기가 교합交合하는 곳이다. 『장경』에서 천광 발신天光發新이란 표현을 사용했다. 지기가 분출하고 천기가 하강하여 교합하면서 내기가 분출하고 외기가 모여서 혈을 형성한다. 지구 안에서 기는 생성되기도 하고 소멸되기도 한다.

6. 물은 수증기가 되고 비가 되고 지하수가 되고 지표수가 되고 다시 수증기가 되고 비가 되는 반복운동을 하고, 물질에서 비물질로 비물질에서 물질로 반복운동을 하면서 기를 생성한다.

이상이 풍수지리에서 알아야 하는 기본이다. 풍수지리는 기의 흐름과 기의 파장을 연구하는 것이므로 학문적으로 배워서 익히기에는 근본적으로 한계가 있다. 자연의 이치를 알고 느껴야 하는데 바로 마음으로 느끼는 것이 핵심이고 어려운 부분이다.

통상적인 개념을 정리해보자.

음택陰宅 ． ． ．

1. 자시子時 하관下棺에 축시丑時 발복發福이라는 옛 말은 맞는 말
이다(하관과 동시에 기의 감응이 있다는 뜻이다).
2. 음택은 영구적으로 자기 자손에게 기가 전달되며 지구상 어
디에 있든 관계없이 전달된다.
3. 마음이 바르지 못하거나 독한 사람, 노력하지 않는 사람은 아
무런 동기감응이 없다.
4. 사람의 유전자 개량으로 자식이 똑똑하다.
5. 종교는 마음을 바꾸어 몸을 바꾸는데 반해 명당은 기의 작용
으로 몸을 바꾸어 마음을 바꾸는 반대현상이 일어난다.
6. 복권이 당첨되는 등의 횡재는 없으며, 차츰 좋은 일이 생기고
주위 사람들의 도움과 인정을 받게 된다.

양택陽宅 ． ． ．

양택은 현재 우리가 표준으로 삼고 있는 동사택東四宅, 서사택西四宅 이
론이 있으나 이는 중국에서 건너온 것으로 우리나라 실정에는 맞지 않
으며 필자가 보기에는 일본 실정에 맞는 것이다. 일본에서 연구한 이론
이 중국에 전해졌고 이를 다시 우리나라에서 활용하고 있는 것으로 생
각된다.

그러나 우리의 양택풍수는 사찰에 엄연히 살아 있으며 또한 명현이 세운 서원에도 생생히 남아 있다. 다만 현대적 재해석을 통한 응용이 미진할 따름이다. 필자는 체험을 통해 양택풍수를 다음과 같이 정리해보았다.

1. 보통 6개월은 그 집에서 거주해야 한다.
2. 좋은 집은 가정을 화목하게 만들고 공부하는 학생은 기의 감응으로 기억력이 좋아지고 마음이 편해져 학업성적이 올라간다.
3. 그 집을 떠나면 기의 감응이 없기 때문에 영향력이 사라진다. 그 집에 거주하는 동안만 기의 감응을 받는다.
4. 아기는 반드시 그 집에서 출산해야 한다. 출산과 동시에 아기는 그 집에 있는 기에 감응된다. 옛날 의성김씨 종갓집에는 산실이 별도로 있었다.
5. 기의 작용으로 된장과 간장 맛이 좋다(옛날 부잣집의 된장, 간장 맛이 좋았던 까닭은 그 집이 명당이었기 때문이다).
6. 좋은 일이 생기고 주위 사람들에게 인정받고 도움을 받게 된다.
7. 과거 이름있는 분들이 수도하거나 공부한 자리는 명당이었다.

이상은 음택과 양택에서 보편적으로 일어나는 일이다. 마음이 밝은 사람은 밝은 기운을 보고, 마음이 어두운 사람은 탁기를 보게 되는 것이 인간이 살아가는 이치이다. 명당은 기가 모여 있는 곳으로 이 기를 이용해 사람의 몸을 편안하게 하여 마음을 바꾼다. 그리하여 몸과 마음을 자연과 같이 편안하게 하고자 하는 것이다.

명당은 기를 통해 인간의 유전자를 바꾸어 건강한 몸으로 건강한 마음을 유지함으로써 하늘의 순리에 순응하는 것이다. 인간은 길흉화복을 논하기 전에 먼저 노력을 하고 그 결과는 하늘의 뜻에 따라야지 풍수지리이론을 앞세워 길흉화복을 논하는 것은 풍수지리의 본뜻에 역행하는 것이다.

이제까지의 풍수지리는 잘못되어도 한참 잘못되었다. 땅위와 땅밑이 합치되는 지점이 명당인데 땅밑은 빼놓고 땅위만 가지고 길흉화복을 논하고 있으니 맞을 수가 없는 것이다.

풍수에서의 기氣...

1. 음기陰氣와 양기陽氣로 구분하며 음기 중에 양기가 있고 양기 중에 음기가 있다.

2. 천기天氣와 지기地氣로 구분한다.

   ① 천기는 태양의 따뜻한 기, 달의 차가운 기, 별의 기와 우주 만상이 발생하는 기로서 지구의 대기권 밖에서 오는 기를 말한다.

   ② 지기는 지구 중심의 용암에서 분출하는 기와 지구의 공전과 자전으로 생기는 기, 달의 인력에 의해 바닷물의 밀물과 썰물 때 생기는 기 물체의 움직임으로 발생하는 기로서

지구의 대기권 안에서 생기는 기를 말한다.

③ 내기는 땅 안에 있는 기이며, 외기는 지표면의 대기층 안에 있는 기이다. 천기 · 지기 · 내기 · 외기는 모두 같은 기인데 발생하는 장소와 존재하는 장소에 따라 달리 표현했을 뿐이다.

④ 수증기가 물이 되고 물이 얼음이 되듯이 물질이 분해하여 비물질이 되거나 비물질이 결합하여 물질이 되면서 기를 생성하는데 이를 기의 이동이라 한다.

⑤ 물질이 인간의 몸이라면 비물질은 인간의 마음이다. 심혈心穴이란 마음으로 물질을 보는 것, 즉 마음으로 혈을 보는 것이다. 풍수지리에서는 마음으로 혈을 보아야지 눈으로 보면 허상을 볼 뿐이다.

맥脈 ● ● ●

흔히 다음과 같이 산맥을 묘사한다.

　'중국의 곤륜산에서 시작하여 천산산맥을 타고 몽고를 가로질러 백두산에 이르러 결結을 맺게 되었다. 백두산에서 뻗어내린 대간룡大幹龍이 흘러 함경남도 신흥군 가평면 천불산千佛山에 하나의 명혈名穴을 이루었는데, 이 묘가 태조 이성계의 고조부인 이안사李安士의 묘다.

이곳의 왕기는 간룡幹龍의 흐름을 따라 안변安辺 철령을 마디로 남행 5백 리라 하여 양주楊洲에 이르고, 동북 방향으로 틀어 도봉으로 솟은 다음, 다시 용이 꿈틀거려 백운대, 만경대로 재차 치솟아 남으로 뻗어 북악 아래의 양택 대혈에 와서 멈춘다. 천불산에 묻힌 이안사 묘의 발복으로 자손의 발복이 한양 땅 경복궁까지 이어진 것이다.' (육관 손석우 저, 『터(상)』, 답게 출판사 87~89쪽 참조)

우리나라 풍수지리책에는 모두 이와 같이 곤륜산에서 시작한 맥脈이 백두산을 거쳐 백두대간이라는 간룡으로 흐르는 것으로 되어 있다. 백두대간의 산맥체계 자체는 풍수가 아니라도 국토의 기본골격으로서 큰 의미가 있고 실생활에 다방면으로 응용된다.

그러나 이 설을 기맥의 전개로까지 확대 해석하는 것은 옳지 않다. 산맥의 형성과 기의 흐름은 성질이 다르다. 그런데 그 차이를 제대로 알지 못하므로 명당은 드물고 찾기 힘든 것이라 생각하고 풍수지리를 어려운 학문으로만 생각한다. 이러한 방식으로 맥의 흐름을 해석하는 것은 옛 사람들의 우주관인 천동설天動說과 천원지방天圓地方 사상에서 나온 것으로 지금도 대학에서 이렇게 가르치고 있다. 풍수지리에서는 맥의 흐름을 모르면 음택이든 양택이든 다 틀리게 되어 있다. 우주 공간에는 기가 없는 곳이 없고, 기가 없는 물체가 없으며, 각 물체마다 기의 특성이 다르기 때문에 각 물체의 성질이 다르다. 우리가 흔히 말하는 공기空氣는 글자 그대로 '공空 안에 기氣가 있다'는 말이다. 우리 주위의 모든 것에는 기가 있다. 주위에 있는 기가 모여 하나의 원을 형성하면서 돌고 있는데 이를 풍수에서는 맥脈이라고 표현하고, 풍수지리책에서는 산맥을 타고 흐르는 것으로 표시한다.

앞에서 피라미드를 설명하면서 삼각형 구조물을 세우면 공기중에 있는 기들이 모여 하나의 새로운 기맥선이 생긴다는 것을 설명한 바 있다. 우리 주변의 산에는 각각 하나에서 세 개의 맥이 원을 그리면서 그 각각의 산들을 돌고 있다.

물론 맥이 큰 것도 있고 작은 것도 있으며 그 원은 땅속에서 산으로 오르기도 하고 반대로 내려오기도 한다. 쉽게 말해서 통에 들어 있는 비눗물을 불면 크고 작은 비눗방울이 무수히 형성되는 것과 같은 원리이다.

우리 주변에 기맥선의 원이 이렇게 많은 것은 삼각형에 가까운 주변의 산 모양이 높은 것, 낮은 것, 여러 모양이다 보니 그 모양에 따

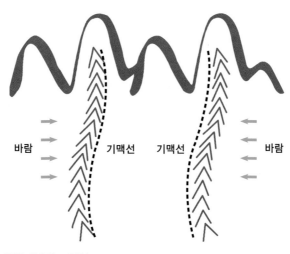

▌바람을 싫어하는 기맥선

라 기맥선도 여러 형태를 취한 때문이다. 이 기맥선은 전통 풍수에서 말하는 용龍·사沙·수沙에 의해 1만~5만 년 전에 형성된 것으로 산으로 오르기도 하고 반대로 내려오기도 한다.

　풍수지리는 맥선을 찾는 학문이다. 맥선을 찾으면 명당도 찾을 수 있고, 맥선이 흐르는 방향에 따라 모든 방위를 맞추어야 한다. 앞에서 우리나라에 있는 묘 중에서 99.9퍼센트가 잘못되었다고 지적했는데 이는 맥을 못 찾았기 때문이다. 맥의 성질을 살펴보자.

1. 기맥선은 바람을 싫어하므로 바람을 피해서 바람이 부는 반대쪽에서 낮은 곳으로 흐른다. 옛 문헌에 '산등성이에 묘를 쓰면 적어도 군수郡守는 한다'고 적혀 있다 하여 사람들은 산등성이를 좋아했다. 그러나 이는 틀린 말이다. 맥은 산등성이

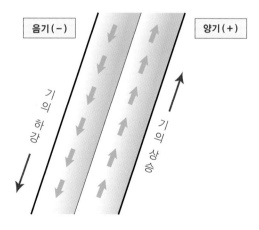

음기(-)　　양기(+)

기의 하강　　기의 상승

❙ 기맥선 안의 음양

를 타고 오르는 것이 아니라 낮은 곳으로 흐른다.

2. 따라서 맥은 용龍의 흐름과 다르게 흐르며 일치하는 경우는 10퍼센트도 안 된다.

3. 기에는 음기와 양기가 있고, 음기 안에 양기가 있고 양기 안에 음기가 있다. 전기줄 안에 +전기와 −전기가 동시에 존재하듯이 한 기맥선 안에는 양의 기와 음의 기가 동시에 존재한다.

4. 맥선 안의 양의 기는 산으로 오르고 음의 기는 산에서 내려온다.

5. 풍수 이론책에 보면 기는 바람을 만나면 흩어진다고 기록되어 있는데, 그게 아니라 기는 흩어지기 전에 피하여 원으로 돌고 있다. 개별 산을 중심으로 오르기도 하고 내려오기도 하면서 원을 그리며 반복운동을 하는 것이다.

혈穴의 형성 원리

혈은 기맥선이 지하수를 만나면서 생긴다 . . .

풍수 공부의 최종 목적은 혈과 기맥이 흐르는 방향을 찾는 데 있다. 땅은 살아서 숨쉬는데 그 숨구멍이 바로 혈이다. 혈은 기맥선의 정거장이며 혈의 호흡 작용은 공기중에 있는 기를 조절한다.

땅속을 흐르는 기맥선이 땅속에서 좌우로 흐르는 지하수와 만나면서 혈이 형성된다. 기맥선은 지하 1.5미터 내지 6미터 사이 공간에서 높은 곳에서 낮은 곳으로 지표면에 대체로 평행하게 흐른다. 지하수맥은 지하 약 15미터(+-3미터) 부근에서 흐르며, 이 지하수의 수맥파가 수직상 승하여 기맥선의 기에 충격을 가하면서 혈을 형성한다.

전선에 전기가 흐르지만 소켓과 백열등을 달아야 비로소 전깃불이 켜지는 것과 같다. 이때 만나는 지하수의 수맥은 작은 것이어서 기감을 터득한 사람이 아니면 감지하기 어렵다.

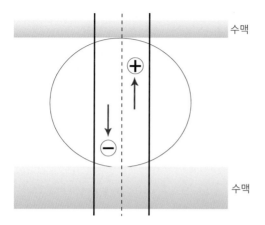

| 내려오고 올라가는 기

땅속에 혈이 형성 되면서 땅위는 음양의 조화와 주변 사신사四神砂의 외기에 의해 선익蟬翼이 열리고 원운圓暈이 열린다. 이렇게 하여 와窩 · 겸鉗 · 유乳 · 돌突 네 가지 유형의 혈이 형성 되면서 당판 형식을 갖 춘 모양이 된다.

혈은 내기가 주가 되고 외기는 그에 따르는 상황인데 우리나라 의 풍수이론책에는 내기에 대한 언급이 일체 없다. 외기만 있는 풍수책 으로 얻은 지식을 음택과 양택에 사용하다보니 전국에 있는 묘 중에서 99.9퍼센트가 잘못되었고 양택 역시 잘못되었다. 또한 옛날 경복궁이 틀렸고 현재 청와대가 틀리다.

혈은 한 기맥선에 긴 거리로 맺히는 경우도 있고 산이 유순하고 주위의 사신사가 잘 짜여져 있을 경우에는 짧은 거리로 맺힐 수도 있 다. 기맥선은 반드시 지하수를 만나야 혈이 형성된다. 그리고 맥선 안 의 내려오고 올라가는 기의 힘에 의하여 혈이 형성되며, 위에 있는 지 하수보다 밑에 있는 지하수가 크다.

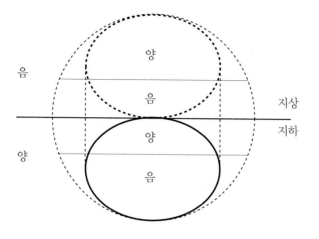

▌ 호박처럼 둥근 혈을 수직단면으로 잘랐을 때의 음양의 공간 위치

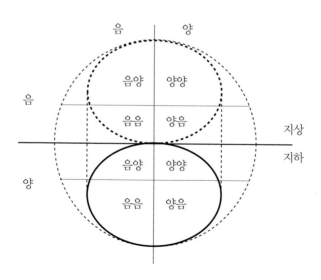

▌ 수직단면을 좌우의 음양으로 구분한 모습과 음양의 조합 영역

원으로 돌면서 움직인다 . . .

'기는 득수得水를 하면 멈춘다'는 중국 풍수지리이론은 눈에 보이는 양수陽水를 말하는 것이 아니고 땅밑의 지하수를 말하는 것이다. 기맥선은 지하수를 만나면 혈을 만들어두고 다시 흘러 또다른 혈을 만들면서 한 개의 맥선에 천天·지地·인人 3개의 혈을 만들어 원으로 계속 돌고 있다.

중국 풍수이론에서 맥이 정지하여 혈을 맺는다는 말은 잘못된 것이며 또한 혈의 여력이 있어 앞에 방혈傍穴을 할 수 있다는 말도 잘못되었다. 맥은 원으로 돌지 않으면 흐트러진다. 이것이 자연의 이치이다.

혈이 맺히지 않는 대부분의 땅에는 두 자(60센티미터) 간격으로 작은 지하수가 흐른다. 그래야만 가뭄중에도 땅속에서 나오는 수분에 의해 산이나 들 표면에 있는 식물들이 생명을 유지할 수 있다. 이것이 자연의 조화이다. 그런데 이 지하수가 음택陰宅에 많은 피해를 준다. 우리나라의 대부분 지역에는 두 자 간격의 지하수가 흐르므로 풍수지리에서 음택의 무해지無害地란 없다.

다양한 혈의 모양 . . .

혈의 모양은 삶은 달걀과 매우 비슷하므로 달걀로 그 이치를 설명하겠다. 사과·배·복숭아·살구 등의 과일을 반으로 잘라보면 그 안에 씨앗을 둘러싸고 있는 원이 있는데 같은 이치이다.

여기 삶은 달걀이 있다. 달걀을 혈로 보고 노른자를 혈심으로 보면 된다. 달걀의 노른자가 중앙에 있지 않고 위·아래·옆에 제멋대로 있듯이, 혈심의 위치 역시 위·아래·좌·우 등 일정치 않다.

혈심이 있는 위치를 땅위에서 정확히 알아야 하는데 이는 풍수지리를 학문적으로 해결할 수 없는 부분이다. 이 혈심에 정확하게 시신을 안치해야 하기 때문에 한치의 오차도 없어야 한다는 말이 나온 것이다.

풍수지리의 음택陰宅·양택陽宅·양기陽基 중에서 음택이 제일 어렵다. 음택을 알면 풍수지리 공부를 다한 것이다. 또한 풍수지리의 기본은 같은 것이므로 음택을 모르면 양택도 알 수 없다.

혈의 깊이와 혈이 있는 곳...

전통 풍수에서는 혈의 깊이를 심천深淺으로 표시하는데 그 깊이는 일정하지 않다. 실제로 산에서는 지표면에서 세 자에서 열 자 사이에 있고 평지에서는 그보다 깊어 다섯 자에서 삼십 자 사이에 있다.

땅의 경사도가 지축의 각도인 23.5도 이상일 경우와 안산案山의 높이가 묘에서 보는 눈높이로 23.5도 이상일 경우에는 혈이 없다. 혈은 산의 앞면에 있고 뒷면에는 없으며 간혹 좌우에는 있다. 또한 물을 좋아하는 산 갈대(억새풀) 밭에는 없고 산보다는 산 밑의 밭이나 평지에 많

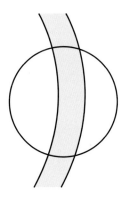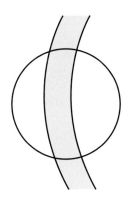

┃ 혈자리를 지나는 기맥선
혈자리에는 약 두 자 폭의 기맥선이 직선으로 지나가는 것이 아니라, 좌청룡 우백호의 지형지세의 강약에 따라 조금씩 휘어져 있고 기맥선의 굵기도 앞뒤에 따라 차이가 있다

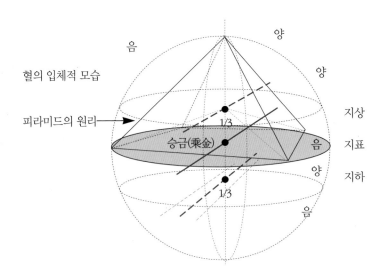

┃ 혈의 모양과 음택 및 양택의 원리

고 크기도 더 크다. 이곳에 혈을 구성하는 지하수가 많기 때문이다.

일반적인 혈의 크기는 직경 2~5미터까지 다양하게 분포하는데 이보다 큰 혈(7미터 이상)은 국반급의 대명당(대혈)으로 보아야 하며 대명당은 산보다는 산밑의 밭이나 평지에 더 많다.

또 천혈天穴이라 하여 통칭 자미성紫微星이라고 하는 엄청난 대혈이 있는데, 풍수 공부를 하는 사람은 이 천혈을 보았더라도 관심 밖에 두고 절대 욕심을 내서는 안 된다. 자선의 마음으로, 혈에 들어갈 수 있는 주인이 어떤 사람이며 어느 때 묘를 쓸 수 있는지만을 연구해야 한다.

몇 년 전 어느 도사가 천문학적 금액을 제시하며 대혈을 사라고 한 것은 풍수가로서 기본자세가 안 된 처사이며 풍수이론을 몰라도 너무 모르는 것이다.

혈의 중심과 패철의 중앙, 사람의 배꼽에서 무언가 공통점을 찾을 수 있을 것이다. 바로 천지인이 함께 움직인다는 원리이다. 방향은 혈과 기맥선에 맞추면 완벽하다.

혈의 생김새 . . .

간단히 말하면 피라미드가 지하에 있는 것과 같다. 다만 혈은 타원형의 입체적인 혈장이 있고, 음과 양의 기가 공간을 분할하면서 존재한다.

상하, 좌우, 전후 3개 축에서 음과 양이 교차하는 지점이 혈의 중심이 되는데, 상하는 피라미드와 같이 체적을 1/2로 분할하는 곳이 중심이 되고, 그 지점은 표토를 걷어낸 지표 부분에서 혈장 깊이의 1/3 지점이 된다. 가령, 혈장 깊이가 4미터라면 표토층까지 포함하여 대략 1.5미터에서 2미터 깊이의 위치가 된다. 좌우, 전후는 면적을 2등 분할하면서 음양이 구분된다. 즉, 지하의 혈 중심은 지상의 부처 배꼽과 같다.

고층건물에서의 혈의 작용원리 . . .

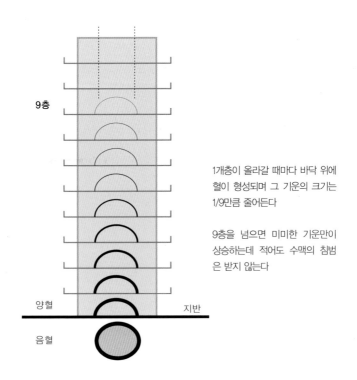

9층

1개층이 올라갈 때마다 바닥 위에 혈이 형성되며 그 기운의 크기는 1/9만큼 줄어든다

9층을 넘으면 미미한 기운만이 상승하는데 적어도 수맥의 침범은 받지 않는다

양혈   지반

음혈

아마도 많은 사람들이 고층건물일 경우 혈의 기운이 미치는지 여부에 대해 궁금해할 텐데, 높이에 따라 정도는 약하지만 고층건물에도 혈의 기운은 분명히 작용한다. 그것은 높이에 반비례하는 수준으로 작용하며, 혈장 크기의 9배 높이부터는 그 작용이 미미해지는데, 그래도 수맥만은 확실히 차단한다.

혈은 무수히 많다 . . .

앞에서 바둑판을 설명하면서 혈의 수는 무한대로 많다고 했다.

산 하나에 기맥선 하나가 형성될 경우에는 천·지·인 3개의 혈이 형성되고 기맥선 3개가 형성되었을 경우에는 천·지·인 각 3개씩 9개의 혈이 산 하나에 맺힐 수 있다. 이는 우리나라 사람들이 3이라는 숫자를 좋아하는 것과도 상통한다.

외기外氣란 무엇을 말하는가? . . .

주위에 있는 사신사四神砂와 주변의 물[陽水]에서 혈 중심으로 모이는 기를 외기라고 한다. 주위의 사신사가 허술하거나 없다고 하여 혈이 없는 것은 아니다. 주위가 완벽하지 못하다면 먼 곳에 있는 사신사로부터 모여진 기의 초점을 혈로 할 수도 있다. 이 힘이 더욱 강하다.

인간의 눈으로 좋다 나쁘다를 판별하는 것은 별 의미가 없다. 혈이 있으면 반드시 외기도 모이게 되어 있어서 주위를 살피기 전에 먼저 혈을 찾으면 된다. 풍수의 주는 내기이고 외기는 종從이다.

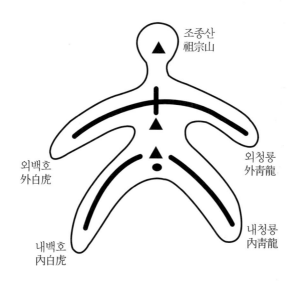

┃ 인체에 비유되는 외기풍수의 원리

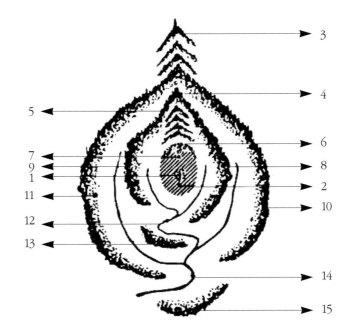

3
4
5
6
7
9
1
11
12
13
8
2
10
14
15

1. 혈穴	2. 명당明堂	3. 조종산祖宗山	4. 주산主山
5. 인배人背	6. 두월頭月	7. 미사眉砂	8. 내청룡內靑龍
9. 내백호內白虎	10. 외청룡外靑龍	11. 외백호外白虎	12. 내수구內水口
13. 안산案山	14. 외수구外水口	15. 조산朝山	

▎통상적인 외기풍수의 명당 개념과 용어

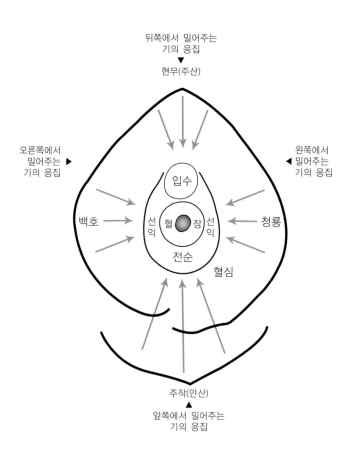

뒤쪽에서 밀어주는
기의 응집
▼
현무(주산)

오른쪽에서
밀어주는
기의 응집 ►

왼쪽에서 ◄
밀어주는
기의 응집

입수

백호 ► 선익 혈 장 선익 ◄ 청룡

전순

혈심

주작(안산)
▲
앞쪽에서 밀어주는
기의 응집

❙ 통상적인 외기풍수의 명당 형성시 기의 작용

혈을 찾는 방법

혈을 찾으려면 운기雲氣와 서기瑞氣를 볼 줄 알아야 하며 현재로서는 다른 방법이 없다. 운기란 땅속의 기[內氣]가 분출하여 공기중에 있는 수분과 만나 아지랑이 같은 형상을 일으키는 것을 말하는데,

1. 잔디가 연두색으로 변하고
2. 나뭇잎이 연두색으로 변하고
3. 돌이 황색을 띠면서 삭고
4. 흙이 밝은 색을 띠고
5. 나무가 잘 자라지 못하고
6. 물이 맑고
7. 온화한 지역으로 변하고
8. 맑은 기의 작용으로 동물을 온순한 상태로 만든다.

서기란 물질이 기의 작용으로 빛을 발하는 것을 말하는데,

1. 물질이 빛을 발하고

2. 동물에게 좋은 감정을 갖게 하며

3. 기 파장으로 모든 물질에 변화를 유도하고

4. 기의 감응 작용으로 유전자를 가지고 있는 동물에게 치료 효
   과를 나타낸다.

운기와 서기는 하나의 혈에서 동시에 일어나기 때문에 결국 같은 말이다. 혈을 찾으려면 기를 감지하고 지하수의 수맥파를 감지해야 하며 운기와 서기를 볼 줄 알아야 한다. 현재로서는 이것 외에 혈을 찾는 다른 방법은 없다.

일반인이 명당을 확인하는 방법 . . .

다만, 일반인이 체감할 수 있는 명당의 특징은 다음과 같다.

1. 묘 위의 잔디가 연두색을 띤다.

2. 맑은 아지랑이가 솟는다.

3. 겨울철에는 잔디가 황금색으로 변한다.

4. 잔디가 잘 자란다.

5. 쑥이나 잡풀은 잘 자라지 않는다.

6. 토색이 밝고 광채가 난다.

7. 바람이 온화하다.

8. 꿩이나 산토끼, 노루 등의 양생동물이 묘 주위에서 노닌다.

9. 일반 개미는 없는데 불개미가 집을 짓고 산다.

10. 두꺼비나 산도룡이 겨울잠을 자는 곳이다. 뱀이나 개구리는 음의 동물로 명당이 아닌 곳에서 겨울잠을 잔다.

11. 산세가 맑고 밝다.

12. 인간의 육감으로도 아주 온화한 지역이다.

13. 해질 무렵에 가보면 묘가 환하다.

14. 하루종일 햇볕이 든다.

15. 묘 주위에 있는 바위는 규석이고 황금색을 띠며 소나무잎이 연두색으로 변한다.

16. 경사가 완만한 곳이다.

망지亡地의 공통점 • • •

1. 잔디가 잘 자라지 않는다.

2. 잔디가 녹색이다.

3. 겨울철 잔디가 검다.

4. 쑥 등의 잡풀이 많이 난다.

5. 수초가 잘 자란다.

6. 사석死石이 묘 주위에 있다.

7. 주위의 나무가 밝은 색이 아니고 검은색을 띤다.

8. 토질이 칙칙하다.

9. 산 주위의 환경이 어둡다.

10. 경사가 급한 곳에 있다.

11. 햇볕의 일조량이 적다.

12. 높은 곳이나 산등성이의 중앙에 있다.

천광穿壙 • • •

천광은 혈자리에 시신을 묻기 위해 구덩이를 파는 것을 말하는데 이것은 혈을 찾는 것보다 더 어렵다. 혈을 찾았다는 것은 묘를 쓰는 일의 전체 과정에서 20퍼센트 미만이고 80퍼센트는 천광에 해당된다고 봐야 한다.

옛 문헌에 따르면 같은 장소라도 양공楊公이 묘를 쓰면 장군이 나오고 다른 사람이 묘를 쓰면 도둑이 나온다고 했다. 이는 천광을 잘 하고 못 하고의 엄청난 차이를 말하는 것이다.

천광을 할 때 일반인이 알아두어야 할 것이 있다. 장마철에는 보통 땅속 세 자까지 물이 스며들며 풀뿌리도 땅속 세 자까지는 파고들고, 지역에 따라서는 다섯 자까지도 나무 뿌리가 들어갈 수 있으니 나무 뿌리가 들어가는 밑까지 파야 한다. 명당은 물이 들어가는 표피층과 그 밑에 있는 본땅 밑에 있다. 기의 작용으로 혈심穴心에는 나무 뿌리가 들어갈 수 없으며 혈은 반드시 3절의 땅으로 되어 있다.

혈자리(승금) 찾기 및 확인 과정 • • •

1. 산 또는 밭이나 평지에서

2. 기맥선과 지하수를 찾고

3. 혈을 확인하고

4. 혈의 크기로 재단하고

5. 혈의 배꼽(중심)을 찾고

6. 천광을 한다

천광의 깊이 ● ● ●

조선시대에 천광의 깊이에 대한 논의가 두 번 이루어졌다. 세종과 정조 때이다.

세종 23년(1441년), 당시 천광의 깊이와 자尺가 통일되지 않았으므로 대신 정인지와 민의생은 왕실의 능을 팔 때 영조척營造尺을 써서 깊이 한 장丈 이하로 파게 하는 일정한 법식法式을 정했다. 만약 흙이 박하고 물이 얕은 땅이면 상황에 따라 그 깊이를 정할 것을 건의하면서 영조척으로 열 척 이하로 규정했으나 임진왜란 이후 관련 문서와 서적이 불타면서 이에 대한 규정이 애매해졌다. 그 후 정조에 와서 왕실 천광의 깊이를 열 자로 정했다. 예부터 당나라의 양균송은 천광의 깊이를 가까운 계곡을 보고 정했으며, 명나라의 유백은 경내의 수위水位로 정했고, 송나라의 채목담은 사방의 산세 높낮이로, 요금정은 성운星暈으로 정했다는 말이 있다(김두규 저, 『조선 풍수학인의 생애와 논쟁』 궁리출판사, 424~428쪽 참조). 현재 경기도 지방은 일곱 자, 충청도 지방은 여섯 자, 경상도와 전라도 지방은 세 자이다.

그런데 이것은 모두 잘못된 방법이다. 혈은 산의 경우에 세 자에서 열 자 사이에 형성되어 있고, 평지는 다섯 자에서 서른 자 사이에 형성되어 있다. 천광은 혈을 통과하는 기맥선 위까지 정확히 파야 하며 몇 자라는 기준은 정할 수 없다. 맥선이 흐르는 깊이가 각각 다르므로 천광의 깊이를 통일하면 혈을 깨는 것이 된다.

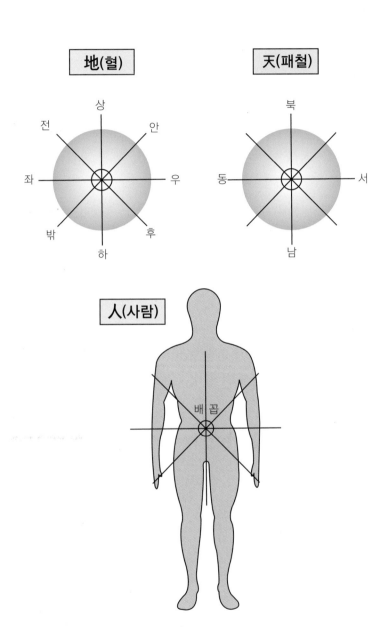

地(혈)

상
전 안
좌 — 우
밖 후
하

天(패철)

북
동 — 서
남

人(사람)

배꼽

┃ 배꼽을 둘러싼 3차원 방위

자연은 어떤 정해진 규칙이 없다. 주위의 사신사와 흙에 따라 맥선이 흐르는 깊이가 다르므로 천광의 깊이를 정할 것이 아니라 맥선이 흐르는 깊이에 따라 천광의 깊이를 정해야 한다. 묘의 좌향은 기맥선이 흐르는 방향과 일치해야 하고 배꼽이 정중앙에 오도록 해야 한다. 이것이 자연이 정한 좌

▌ 사과씨에도 있는 음양의 원리

향법인데 패철이 무엇 때문에 필요한지 모르겠다. 묘를 쓸 때는 천광이 제일 중요하다. 그 이유는 혈심이 혈의 정중앙에 있지 않고 중앙에서 벗어나 있는 경우가 많기 때문이다. 혈심의 정확한 위치를 파악하고 혈을 중심으로 기맥선이 흐르는 방향과 지표면에서의 깊이를 계산하여 기맥선이 흐르는 깊이의 위까지 파야 한다.

이때 혈 안에서 음맥陰脈과 양맥陽脈이 구분되는데 이를 잘 파악

좌향

▌ 혈이 작은 경우, 1인 매장시 배꼽 일치시키기

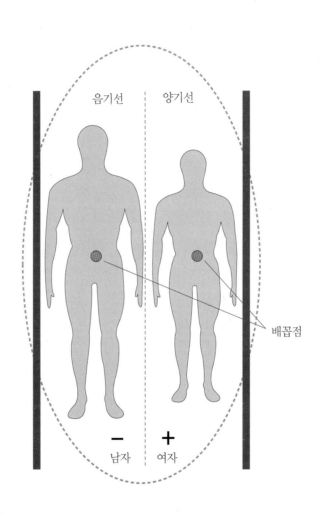

음기선 　양기선

배꼽점

－　＋

남자 　여자

▌혈이 큰 경우, 부부 매장시 배꼽 일치시키기

해야 한다. 음맥과 양맥은 사람의 배꼽을 중심점으로 한다. 합장을 할 때는 음맥의 자리에 남자를 양맥의 자리에 여자를 모셔야 한다.

또 혈을 중심으로 실맥絲脈의 지하수가 8방향으로 상하에서 흐르는데 이 가는 지하수를 건드리면 지하수가 터지면서 혈이 파괴된다.

천광을 할 때 주의할 점으로는 혈 안에서 맥선이 굽어지는 경우, 전체 맥선에 최대한 맞춰야지 부분 맥선을 거쳐 일직선으로 내려오는 것과 같이 하면 안 된다. 혈심의 정확한 위치와 기맥선의 방향과 깊이를 알고 혈 주위의 계맥수인 지하수를 파괴하지 않도록 해야 된다. 한 치의 오차만 생겨도 파괴되므로 유의해야 한다. 풍수 용어로 한치의 오차도 있어서는 안 된다고 하는 말은 여기에서 나온 말이다.

지하수와 혈맷힘

지하수란 . . .

보통 땅위에 있는 물을 지표수地表水라 하고 땅밑에 있는 물을 지하수地下水라 하여 구분한다. 풍수지리에서는 지표수를 양수陽水라 하고 지하수를 음수陰水로 구분하며 지하수는 다시 건수乾水와 생수生水로 구분한다.

건수는 땅속에 있으나 가뭄으로 쉽게 없어진다. 생수는 지하수와 수맥으로 구분하는데 지하수는 땅속에 고여 있으면 수맥에 연결되기 전까지로 본다. 수맥은 우리 몸의 핏줄이 온몸을 돌아다니면서 산소와 영양을 공급하고 노폐물을 제거하고 항균작용을 하는 것과 같이 잠시도 쉬지 않고 땅속에서 순환작용을 하면서 생명력을 가지고 대자연과 함께 호흡하고 있다.

하늘에서 비나 눈이 온 후에 일부는 지표수가 되어 하천이나 강으로 흘러가고 나머지는 땅밑으로 스며든다. 흙이 흡수할 수 있는 한도를 초과한 물은 흙과 흙 사이를 통과하여 계속 내려가다가 작은 입자의 물은 상호간의 인력이나 표면장력에 의해 가는 줄기를 형성한다. 그리고 횡 방향으로 이동하면서 물을 흡수할 수 없는 흙이나 암반인 불투수층에서 멈추어 고이거나 큰 줄기로 변해 이동한다.

풍수에서는 고여 있기까지를 지하수로 보고 큰 줄기로 변해 이동하는 것을 수맥이라고 한다. 이 지하수가 풍수에서는 매우 중요한 역할을 한다.

지하의 지층은 투수층과 불투수층이 교대로 겹쳐 있는 경우가 많다. 이렇게 지하의 불투수층 여러 곳에 모여 있는 물은 주위의 압력에 의해 압력이 높은 곳에서 낮은 곳으로 움직여 더욱 큰 줄기의 수맥이 되거나 지상으로 분출된다.

수맥 피해의 원인 ...

우리나라에서 수맥 피해가 문제된 것은 1960년대 말부터이다. 그 전에도 수맥은 있었지만 그때는 피해를 모르고 살았다고 해야 할 것이다.

우리나라는 1960년대 말부터 경제발전으로 농촌인구가 줄어든 반면 도시인구가 늘어나고 도시의 건물들이 현대식으로 고층화되면서 수맥의 피해를 알게 되었다. 그전에는 큰 건물들이 없었고 우리의 전통

가옥이 수맥을 자체적으로 해결해주었다.

다시 말해 전통가옥의 온돌이 수맥파를 해결한 것이다. 온돌은 방 밑에 청석으로 돌을 놓고 그 밑에 공간을 두었다. 부엌에서 불을 넣으면 열과 그을음이 방 밑의 그 공간으로 들어가 그을음은 청석돌 밑에 붙고, 열은 땅에서 올라오는 수맥파를 약하게 했다. 약해진 수맥파는 청석 밑에 붙은 그을음을 통과하지 못했다. 그리하여 수맥파가 있는지 없는지도 모르고 살았던 것이다. 그런데 1970년대 들어와 전통가옥의 온돌이 줄어들고 보일러에 의한 방식으로 바뀌면서 각 가정과 건물에 미치는 수맥파의 영향을 알게 된 것이다.

수맥은 우리 몸의 혈관과 같이 잠시도 쉬지 않고 땅속을 흐르면서 순환 작용을 하는데 이 작용이 지속되려면 지상에서 계속해서 물 공급을 받아야 한다. 지상으로부터 물을 계속 공급받기 위한 수단은 수맥 위에 있는 땅과 땅위에 있는 것들을 파괴하는 것이다. 이것은 수맥이 살기 위한 방법으로 수맥의 자체 운동 결과로 생기는 것이다.

수맥의 피해 ● ● ●

수맥파는 가공할 파괴력을 지니고 있다. 우리나라 인구의 약 50퍼센트는 자기도 모르게 수맥의 피해를 입고 있다는 통계가 나와 있다. 수맥 위에 집을 지으면 수맥의 자체 운동으로 발생하는 수맥파가 우리의 몸과 마음을 불안정하게 한다.

이 수맥파는 일시에 많은 피해를 우리 몸에 주는 것이 아니고 처음에는 숙면을 취하지 못하고, 아침에 자고 일어나도 피로가 풀리지 않는 증상을 보이며 서서히 나타난다. 이런 증상이 계속 반복되다보면 불면증·두통·신경통 등이 생기며 중풍·비만증·고혈압·당뇨병·관절염과 각종 신경성 질환을 가져올 수도 있다. 체질에 따라 수맥파에 민감한 사람이 있고 둔한 사람이 있는데 비만형이 둔한 편에 속한다.

동물들은 선천적으로 기에 대한 감지능력이 있어 꿩 등의 야생동물들은 명당 위에서 자신의 병을 치료하거나 지친 몸을 쉬어간다. 불개미 역시 명당 위에 집을 짓지 수맥 위에는 짓지 않는다. 가축은 나름대로 기의 감지능력은 있지만 사람이 만든 축사라는 공간을 사용하는데 축사 밑으로 수맥이 지나가면 가축이 심하게 앓거나 원인 모를 병으로 죽고 임신한 가축은 더욱 치명타를 입어 사산하거나 기형을 낳고 어미까지 죽는 일도 있다. 소와 닭이 특히 수맥에 약하고 돼지는 수맥을 덜 탄다. 따라서 축사 역시 수맥을 피해서 지어야 한다.

수맥은 웬만한 물리적 충격에는 끄떡도 하지 않는다. 아파트나 다른 건물에 금이 가게 하고 아스팔트나 도로가 갈라지게도 한다. 고층 아파트의 경우 1층뿐만 아니라 20층이든 30층이든 모두 수맥파의 수직 영향을 받는 것으로 조사되고 있으며 수맥탐지 전문가에 따르면 비행기 안에서도 수맥파를 느낀다고 한다. 수맥 위에 컴퓨터를 놓으면 수시로 고장이 나며 다른 공작기계들도 고장이 자주 일어날 뿐만 아니라 수맥 위에 계속 주차를 하면 자동차도 고장난다.

수맥은 자신이 살아서 순환하는 데 방해되는 것은 어떤 물질이든 파괴하는 자체 운동을 하는 것이다.

수맥 방지법 ● ● ●

수맥의 존재와 그 영향에 대해서는 대부분 인정하고 있으나 수맥파의
정확한 실체와 그 작용 원리는 아직도 규명하지 못하고 있다. 수맥파를
피하는 것이 최선인데 현대사회에서 수맥을 피해 건물이나 구축물을
신축하거나 건설하기는 어려운 실정이니 미리 수맥의 유무를 잘 파악
하여 대비책을 세워야 할 것이다.

　　지금까지 수맥파를 차단하는 것으로 알려진 것은 동판과 알루미
늄 호일류뿐이다. 동판의 경우 1.5밀리미터 이상 두꺼워야 어느 정도
차단 효과가 있고, 알루미늄 호일의 경우 한 겹으로는 차단 효과가 매
우 약하므로 적당한 두께를 감안해야 하고 또 구겨지거나 훼손되지 않
아야 한다. 동판은 1년 정도 지나면 푸른 녹이 슬기 시작하는데 동의 녹
은 유독성이니 이를 감안해야 한다.

　　요즘 달마상이나 부적이 수맥파를 제거한다 하여 집안 등에 많
이들 붙여놓는데 이는 일종의 기의 중화작용을 이용한 것이다. 그러나
달마상을 그린 사람이나 부적을 쓴 사람의 기와 수맥파의 기가 중화하
여 일시적 효과는 있을 수 있지만 영구적이지는 못하니 필히 참고하기
바란다.

수맥이 묘에 미치는 피해 . . .

묘지도 마찬가지이다. 수맥이 시신 밑을 지나면서 석회층을 뚫고 관 속으로 들어오면, 수맥의 온도가 차서 시신의 육탈肉脫이 잘 안 된다. 따라서 생시生屍로 있거나 육탈이 되어도 유골에 수렴水廉이 들어 기의 감응으로 자손에게 해가 미친다.

묘지 밑으로 수맥이 지나면 잔디가 잘 자라지 않고 비석이나 상석에 금이 간다. 참고로 다음과 같은 경우에는 묘지에 풀이 잘 자라지 않는다.

① 묘지 밑으로 지하수가 지나갈 때
② 봉분의 흙이 부식토이거나 미사토일 때
③ 화염火廉이 들었을 때
④ 주변 나무에 의해 햇볕이 들어오지 않을 경우

이와 반대로 묘 안에 건수가 찼거나 건수가 들어갈 경우에는 물풀이 무성하게 잘 자라고 잔디는 잘 자라지 않는다.

풍수지리에서의 지하수와 수맥 . . .

전통 풍수이론에서는 지하수에 대한 언급이 한군데도 없다. 눈에 보이는 지표면 위의 산과 물 방위만으로 풍수이론의 겉만 설명했기 때문이다. 실제 풍수지리는 안이 더 중요하다. 그래서 땅안이 없는 중국의 풍

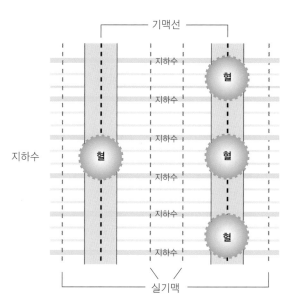

| 지하수와 기맥선과 혈의 형성

수책을 멸만경이라고 한 것이고 학문으로는 땅밑을 알 수 없기 때문에
풍수지리는 학문으로 해결할 수 없다고 한 것이다. 지하수는 풍수지리
의 안을 설명하는 데 필수적이다. 지하수는 큰 것에서 아주 작은 것까
지 여러 가지가 있는데 중간 크기의 지하수가 땅밑을 지나다가 땅밑으
로 흐르는 기맥선을 만났을 때 지하수의 수맥파와 기맥선의 기의 상호
작용으로 혈이 형성된다. 이것이 혈의 형성 원리이다.

　　이런 작은 수맥은 수맥 탐지가도 알아낼 수 없으며 오로지 기감
을 터득한 사람만이 감지할 수 있다. 수맥이 수맥파를 분출하듯이 이
지하수 역시 물분자를 분출하여 여름철의 이슬이나 겨울철의 서리를

▌명당 주위에는 수맥이 지나간다

위 사진과 아래 사진에 동일한 2개의 명당이 원으로 표시되어 있는데, 이 2개 명당 좌우에 있는 묘는 수맥으로 인해 피폐하기 짝이 없다

맺게 한다.

일반적으로 이슬이나 서리는 공기중에 있는 수분에 의해 낮과 밤의 기온 차이로 이루어지는 줄 아는데, 사실은 공기중의 수분과 지하수의 물분자의 배출이 합해져서 이루어지는 것이다. 이와 같은 지하수 운동으로 환경과 온도와 습도를 조절함으로써 가뭄이 일어나도 동식물이 살 수 있다. 이것이 자연의 섭리이다.

우리나라 대부분의 땅에는 지하수가 두 자 간격으로 흐르는데 이슬이나 서리를 잘 관찰해보면 흐르는 지하수의 간격을 알 수 있을 것이다.

심혈법心穴法의 원리

심혈법이란 마음으로 혈을 본다는 뜻이다.

1. 산에서 원운圓暈을 보고

2. 기가 바람을 피해 흐르는 곳을 관찰하고

3. 기의 흐르는 방향을 관찰하고

4. 산의 면面과 양지 쪽을 선택한 후

5. 초목草木이 연두색으로 나타나는 곳을 관찰하고

6. 운기雲氣의 열 기운을 감지하고

7. 서기瑞氣의 밝은 기운을 감지하고

8. 혈穴에서 나오는 원적외선 같은 기의 파장을 감지하며

9. 혈심穴心을 선정한다.

위의 사항을 살핀 후 마음을 비우고 자신이 존재하는지 숨은 쉬

고 있는지 모르는 상태에서 자연을 있는 그대로 관찰하면 마음에 어떤 장소가 들어온다. 그 장소가 나의 마음과 일치할 때 그 일치되는 곳이 혈이다. 진혈眞穴의 기운을 감지하는 것은 신체의 어느 부분이 아닌 마음이다. 이것이 심혈법이다

당나라 복응천卜應天이 쓴 『설심부雪心賦』라는 책이 있는데 설심雪心은 눈같이 흰 마음으로 이 책을 보라는 뜻인 듯하다. 설심에 색色이 개입하면 모든 사물이 그 색으로 변하기 때문이다.

여기에 거울이 있다. 그 거울 앞에 서 있는 사람이 붉은 옷을 입으면 붉게 보일 것이고, 노란 옷을 입으면 노란색으로 보일 것이며 파란 옷을 입으면 파란색으로 보일 것이다. 이것은 일반인이 거울을 보는 눈이다. 앞에 아무도 없으면 그저 거울만이 존재하는 것이다. 그러나 거울 앞에 색이 있더라도 그 색을 넘어서 거울을 볼 줄 알아야 하는 것이 풍수지리 일을 하는 사람의 마음이다. 이는 붉은색 옷을 입고 거울 앞에 섰을 때 붉은 옷을 입은 자신은 없고 오로지 거울만 보이는 것을 말한다. 자연은 학문을 통해 배운 여러 가지 지식으로 보는 것이 아니고, 본능이나 직관과 사랑으로 보는 것도 아니며, 눈[雪] 같은 순수한 마음으로 보는 것도 아니다. 오로지 있는 그대로의 상태를 자연과 일치하는 마음으로 보아야 한다.

우리 주변에는 명당이 무수히 많다. 여태까지 찾는 방법을 몰랐을 뿐이다. 자연과 일치하는 마음으로 그것을 볼 수 있어야 하는데, 인간의 마음으로 찾으려고 하다보니 찾지 못하여 명당은 있다, 없다는 말이 나오는 것이다.

이 자연의 열매인 혈을 못 찾다보니 주역의 일부가 보태지고 그래도 안 되니까 오행이 보태지고 패철이 보태져서 어렵고 난해한 학문으로 변해버렸다. 그리하여 풍수지리를 미신이나 잡술이라고 하는 것이며, 심지어 명당이 있는 것이 아니라 명당이라고 생각하면 명당이 된다는 말까지 생겨나고 있다. 이는 거울 앞에 붉은 옷을 입고 서서 노란색이라고 이야기하거나 옷이 붉은 것이 아니고 거울이 붉은 것이라고 이야기하는 것과 똑같은 말이다.

오로지 자연과 일치하는 마음이 되면 명당이 주위에 무수히 많이 있음을 알게 될 것이다.

심혈법에 의한 장묘의 순서

1. 간산看山과 관산觀山

통상적인 외기풍수 방법으로 산을 찾게 되는데 명당은 무수히 많으므로 실제로는 풍수이론에 꼭 따르지 않더라도 찾기가 어렵지 않다.

2. 혈자리(승금) 찾기 및 확인

심혈법에 의해 혈을 찾고 기맥선과 중심의 팔방위를 확인하고 경계를 표시한다.

| 묘를 쓰기에 앞서 필자가 혈장穴場인 승금과 기맥선을 따고 있다
막대를 꽂은 자리가 혈 중심이며 체백體魄의 배꼽이 맞물릴 자리이다

| 천광 직전의 완성된 혈의 모습

3. 천광

┃ 기맥선을 따라 좌향을 잡은 뒤 천광을 판 장면

4. 천광 깊이의 확인

┃ 음양이 교차하는 정확한 깊이를 천광한 후 체백이 안치될 곳의 바닥
　흙이 뽀송뽀송하고 밝은 색이다

5. 천광 깊이에서 음양과 좌향을 확인

❙바닥에서 좌향과 음양을 확인한다

6. 천광 깊이에서 체백을 모실 공간을 마련한다

❙부부합장시 음양의 자리에 따라 두 곳을 나란히 따서 집을 만든다

7. 체백을 모신다

▌만든 집자리에 체백을 모신다

8. 봉분한다

▌봉분한 후의 모습
기맥선에 따라 좌향을 잡으면 형기론形氣論의 좌향과 대개 일치한다
좌청룡 우백호의 균형이 맞지 않아서 기맥선의 휘어짐이 셀 경우에는 일치하지 않는다

심혈과 용혈사수 사신사

지형의 형세론으로 접근하여 경험론적으로 명당을 찾으려는 것은 엄청난 노력과 시행착오를 거쳐야 하는데 그럼에도 불구하고 정확한 혈을 짚어내기가 만만찮다. 그런 형국을 가진 국지적 장소를 발견한다 해도 정확한 혈을 찾는 것 그리고 그 경계를 확정하는 것은 별개의 문제다. 심혈법이라는 전혀 다른 차원의 접근이 필요한 것이다.

　　심혈과 지형과의 관계에서 재미있는 것은, 지형을 따지지 않고 심혈법으로 명당을 찾은 후 주위지형의 형세를 보면 좌청룡 우백호 주산 안산의 사신사四神沙가 완벽하게 조화로운 형태로 형성되어 있다는 것이다.

　　두타산 아래 삼화사를 보자. 삼화사의 경우 앞뒤 산의 정상이 동일한 축상에 있고 좌청룡 우백호의 산봉우리가 혈자리를 중심으로 거의 일직선이다. 그 직선들은 혈자리에서 직교에 가깝다.

　　더욱 재미있는 것은 평지대혈이라는 말이 그대로 성립한다는 것이다. 혈의 크기가 작으면 주위의 사신사가 가깝고 뚜렷하게 보이고, 대혈이면 국이 매우 커서 가시권에서 모든 사신사를 파악하기가 곤란한 경우가 많다. 큰 명당일수록 주변을 널리 둘러보거나 지도를 통해서 이해되는 경우가 많은 것이다. 뒤에서 설명할 정암사 적멸보궁도의 사례도 마찬가지이다.

다음 사진은 동해 무릉계곡의 삼화사에서 새로이 탑을 세우려고 모색하는 곳의 명당자리에서 찍은 사진이다.

┃ 주산

┃ 좌청룡

┃ 우백호

┃ 안대

┃ 동해 무릉계곡의 대명당 사찰 관음암

관음암은 자장율사가 창건한 천년암자로서 산룡의 대표적인 명당 사례인데,
법당 전체가 대혈 속에 정확히 자리잡고 있어 기도의 효험이 높다고 전해진다

산룡山龍의 명당 사례
- 정암사 수마노탑

강원도 태백에 있는 정암사淨巖寺는 월정사의 말사로서 신라고승 자장율사가 636년(선덕여왕 5년)에 세운 절이다. 자장율사는 당나라에 들어가 문수도량文殊道場인 산시성[山西省] 운제사雲際寺에서 21일 동안 치성을 올려 문수보살을 친견親見하고, 석가의 신보神寶를 얻어 귀국한 후 전국 각지 다섯 곳에 이를 나누어 모셨는데, 그 중 한 곳이 이 절이었다고 한다.

5대 적멸보궁 가운데 하나 . . .

태백 정암사는 설악산 봉정암, 오대산 상원사, 영월 법흥사, 양산 통도사 등 부처의 진신사리를 모신 적멸보궁이 있는 다섯 절 중 하나이다.

신보는 석가의 정골사리頂骨舍利와 가사·염주 등인데, 지금도

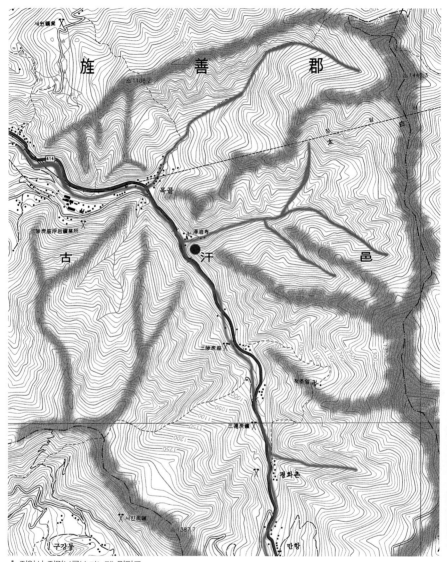

정암사 적멸보궁(수마노탑) 명당도

사찰 뒤편 천의봉天衣峰 중턱에 남아 있는 수마노탑水瑪瑙塔에 봉안되어 있다고 하여, 법당에는 따로 불상을 모시지 않고 있다.

수마노탑(보물 410호)은 자장율사가 당에서 가져온 마노석으로 쌓았다는 전설이 깃든 7층 탑이다. 동해 용왕이 물길 운반을 도왔다 해서 앞에 수水자가 붙었다고 한다. 벽돌 쌓듯 꼼꼼히 쌓아올린 전탑의 모습을 보여주는 수마노탑은 바람이 불면 지붕 네 모서리에 매달린 풍경들이 아주 청아한 소리를 들려준다.

자장이 처음 사리를 모실 탑의 자리를 이 마을에 잡자, 눈 위로 세 줄기의 칡이 솟아올라 지금 수마노탑 자리까지 뻗어왔다고 하는데, 여기서 갈래葛來라는 이 마을의 이름이 유래했다고 한다.

▌정암사 입구에서 본 수마노탑 전경
사진 찍기 위해 서 있던 자리 또한 대명당이다

외기풍수의 교과서적인 대명당

그림에서 보듯 수마노탑이 자리한 곳은 산중턱인데 좌청룡 우백
호 등 사신사가 완벽하게 갖추어진 대혈 자리이다. 당시 자장율사는 평
지의 사찰풍수뿐 아니라 산룡의 점혈에도 극치의 솜씨를 보여주었다.

기타 명당의 여러 사례들

다음은 기타 여러 명당 사례들이다.

필자 입장에서는, 원리를 알고 썼든 모르고 썼든 바른 혈자리에 안치된 경우를 보면 안도의 한숨이 나오지만, 혈자리를 바로 옆에 두고도 사용치 못한 예들을 보면 실로 안타까운 심정을 말로 표현하기 어렵다.

| 어느 절이다. 혈자리에 부처님을 모셨으면 얼마나 좋았을까?

| 어느 공원묘지에서 찍은 사진이다. 이 묘는 젊은 민주투사의 묘라고 하는데 정확한 혈자리에 안치되었다. 우연의 일치라고 보기에는 너무 정확하다. 하늘이 분명히 있음을 느꼈다

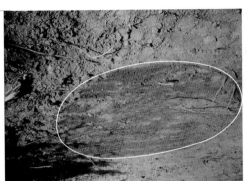

▌혈자리 위의 땅은 지표면을 걷어내면 밝은 색의 흙이 나온다

▌바로 앞에 혈자리를 두고 비껴썼다

▌묘 바로 뒤에 혈이 있다

▌혈자리는 그대로 두고 엉뚱한 곳에 많은 묘를 썼다

▌조선시대 어느 공주의 묘이다. 바로 앞에 혈자리가 있다

▌이 묘는 바로 옆에 혈을 두고 잘못 쓴 것이다

｜ 필자가 10개월 전에 써준 어느 명당
명당의 봉분은 잔디의 색채와 광채가 다르다

｜ 정확하게 안치되지 못한 남연군묘
묘 앞자리에 혈이 있다

2부

사찰명당
및 서원명당

일반명당과
81수 대명당의 원리

명당에는 소혈과 대혈이 있다. 소혈에는 통상적으로 9개의 기맥이 흐르고, 대혈은 81수 대명당을 일컫는다. 소혈 9개가 한 곳에 모여 있는 것이 바로 9×9=81수 대명당이다.

　소혈은 일반적으로 묘를 쓰는 자리이다. 명당은 하나의 원 안에서 음양으로 갈리고 다시 좌, 우, 전, 후, 안과 밖, 아래, 위로도 음양이 갈린다. 이를 정확히 구분해내어 한치의 오차 없이 묘를 써야 한다. 마치 사과 안의 씨를 들어내고 그 안에 집어넣는 것 같은 정밀함이 있어야 한다. 소혈은 평지에도 있지만 대개 구릉지나 산지에 많다.

　81수 명당과 같은 대혈은 대개 평지에 있으며, 사찰풍수와 밀접한 관련이 있다. 하나에서부터 아홉 개의 맥이 들어가서 이루어지는 명당이다. 그 예로, 천년고찰의 대웅전 자리를 들 수 있다. 그 안에 아홉 줄기의 힘이 위, 아래로 흐르고 그 각각 한 줄기의 힘이 다시 아홉 개로 돌아간다. 아홉 개의 힘이 돌아서 81수(9×9=81)라 한다.

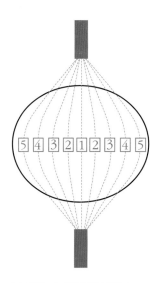

▌ 소혈에는 9개의 맥선이 흐른다

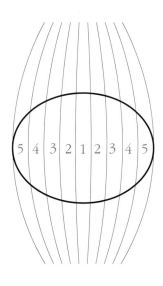

▌ 대혈에는 9개의 방이 있다

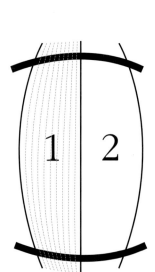

▌ 대혈의 방 1개에 9개의 맥선이 흐른다

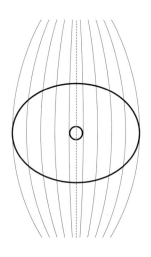

▌ 부처님은 5번째 방의 가운데 5번째
의 한가운데 위치한다

아홉 줄기의 경계선인 음양이 교차하는 곳에는 묘를 쓰면 안 된다. 심안이 통달하지 않은 풍수를 통해 대혈의 묘를 쓰면 후손이 멸문지화滅門之禍를 당한다. 81수 대명당은 이렇듯 무섭고 어렵기에 양택 위주의 용도로 쓰이고 있다. 명당이란 하나의 생명체이며 자연계의 보배이다. 인간이 명당을 선택하는 것이 아니라 명당이 인간을 선택할 뿐이다. 명당은 기의 보고이며, 밝음의 세계이다. 이제부터 81수 대명당에 자리잡은 사찰들의 예를 통해 구체적인 원리를 느껴보자.

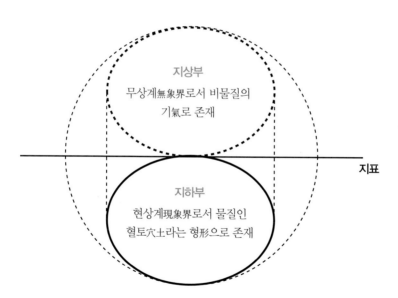

1) 기氣가 형形을 만들고, 2) 형形이 기氣를 만들고,
3) 형形과 기氣는 마음을 만든다

┃ 혈의 존재 형식

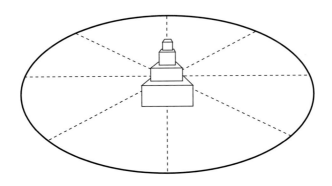

┃ 사찰의 탑은 일반 명당의 중심에 있다

천년사찰은 예외 없이 대명당 . . .

사찰은 천년, 이천 년 동안 민중이 의지하던 곳이었다. 왕권이나 권력의 유지와 밀접한 관계를 가졌던 탓에 천년사찰은 당시 유력자의 도움을 받아 설립되었지만, 기본적으로 무소유의 삶과 해탈의 염원을 담은 기도처이자 한편으로는 민중의 구휼을 위한 영구적인 사회복지기관이었다.

하늘의 뜻과 백성의 입이 만나는 곳, 그곳이 천년사찰이었다. 당시의 깨우친 고승은 아무 곳에나 사찰이 자리잡도록 하지 않았다. 자장율사, 의상대사, 원효대사, 도선국사, 검단선사 등은 금수강산 가운데서도 땅의 숨결을 담은 대혈에 부처님을 모심으로써 천天, 인人, 지地가 자연스레 일체화되는 모습을 보여주었으니, 그것이 오늘날에도 끊임없

혈안의 사찰평면도

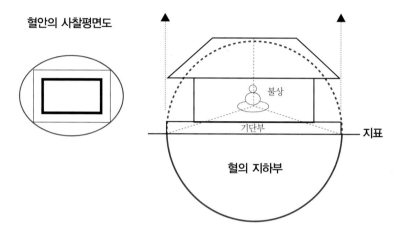

혈의 지하부

불상

기단부

지표

❙ 단면도로 본 사찰과 불상의 배치
무상계의 기氣 공간의 중심 1/3 위치에 불상의 배꼽이 자리잡는다

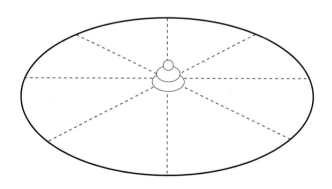

❙ 대혈의 한가운데 불상이 자리잡는다

는 계시로 이어진다.

　우리 땅에는 이루 말할 수 없이 많은 명당사찰이 있다. 필자가
다녀본 곳은 일부에 지나지 않으나, 우선 인연이 닿은 그곳이나마 먼저
이 책에서 소개하고자 한다.

성리학의 정수를 보여주는 서원명당...

서원은 조선의 선비들이 모여서 학문을 닦고 하늘과 성현에 제사를 지
내던 곳이다. 그렇다면 그곳에서는 무슨 학문을 닦았는가? 이학과 기
학으로 대변되는 천지인의 이치를 궁구하고 설명하는 성리학이었다.
무슨 일이든지 순수하게 정일집중하면 그 과정이 곧 마음의 정화로 이
어지고 그 마음은 기의 세계를 관통하게 된다. 그 일이 천명을 다루는
학문을 닦는 일이라면 더할 나위 없다. 성리학을 완성한다는 것은 곧
기학에 있어서도 경지에 오르게 됨을 뜻한다.

　조선시대 기학의 완성에 도달한 선현들이 세운 서원은 감탄할
만한 명품이었다. 반상班常의 오랜 계급역사의 폐단에 가려 대중의 눈
길과 발길이 뜸해진 곳이긴 하지만 오늘날 되새겨보아야 할 우리의 뛰
어난 정신적 자산이다.

　필자가 돌아본 서원은 몇 곳 되지 않지만 그 중에서 명당으로 확
인된 도산서원, 병산서원, 필암서원 세 곳을 소개하고자 한다.

본래 용주사龍珠寺 절터는 신라 문성왕 16년(854년)에 창건된 갈양사 자리로서 청정하고 이름 높은 도량이었으나, 병자호란 때 소실된 후 폐사되었다가 조선 제22대 임금인 정조正祖가 아버지 사도세자의 능을 화산으로 옮기면서 다시 일으켜 원찰로 삼았다.

28세의 젊은 나이에 부왕에 의해 뒤주에 갇힌 채 8일 만에 숨을 거둔 사도세자의 영혼이 구천을 맴도는 것 같아 정조는 괴로워했다. 그러던 중에 보경스님으로부터 부모은중경父母恩重經 설법을 듣게 되고 이에 크게 감동받아 부친의 넋을 위호하기 위해 절을 세울 것을 결심했다. 그리하여 경기도 양주 배봉산에 있던 부친의 묘를 천하제일의 복지福地라 하는 이곳 화산으로 옮겨와 현릉원(뒤에 융릉으로 승격)이라 했다. 그리고 보경스님을 팔도도화주로 임명하고 이곳에 절을 지어 현릉원의 능사陵寺로서 비명에 숨진 아버지 사도세자의 능을 수호하고 그의 명복을 빌게 했다.

▌ 대명당 용주사 대웅전

　　이 절은 불교가 정치적, 사회적으로 억압당하던 당시에 국가적 관심을 기울여 세웠다는 점에서 역사적으로 큰 의미가 있다. 낙성식날 저녁에 정조는 용이 여의주를 물고 승천하는 꿈을 꾸고는 절 이름을 용주사라 했다. 그리하여 용주사는 효심의 본찰로서 불심과 효심이 한데 어우러진 절이 되었다.

　　이후 전국 5규정소(糾正所 ; 승려의 생활을 감독하는 곳) 중의 하나가 되어 승풍僧風을 규정했으며, 팔로도승원八路都僧院을 두어 전국의 사찰

∥ 대명당 용주사 홍제루

∥ 용주사 입구 계단명당

을 통제했다. 또한 일찍이 31본산의 하나였으며 현재는 안성, 남양 등 경기도 동남부 지역에 분포하는 60여 개의 말사와 암자를 거느리고 있다.

용주사는 대웅전과 홍제루(천보루)가 정확히 혈자리 안에 안치되어 있다. 원형은 신라고승의 작품으로서, 유명 천년사찰과 명당서원의 가장 대표적인 모형인 3×3 형식으로 81수 대명당이 맺혀 있는 전형적인 모습을 보여준다.

이는 용주사에서 조계종단의 기둥이 되는 여러 스님들을 배출한 것과 무관하지 않다.

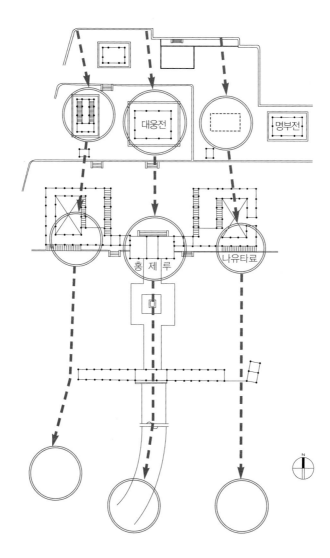

┃ 용주사 명당도

　3개의 기맥선을 따라 9개의 대혈이 맺혀 있다

12대 만석꾼
경주 최부잣집의 비밀

'부자 3대 못 간다'는 속담이 있다. 가까이는 1997년 IMF 사태를 겪은 뒤 대우, 동아 그룹 등 내로라 하던 재벌들이 3대를 잇지 못하고 사라졌다. 그러나 이런 속설을 깨뜨린 집안이 있으니 경주 최부잣집이 바로 그 주인공이다.

최부잣집은 임진왜란 때 공을 세운 정무공 '최진립'부터 시작해 마지막 '최준'까지 12대에 걸쳐 부를 이었다. 마지막 최부자인 최준의 9대조 '최국선' 때 부가 정착된 것이 확실하기 때문에 이때부터 계산하면 10대를 이어왔다. 그렇다면 최부잣집이 이렇게 오랫동안 부를 이어온 비결은 무엇일까?

그 비밀은 바로 이 집안 가훈에 들어 있다고 한다.

과거를 보되 진사 이상은 하지 마라.

재산은 만 석 이상 지니지 마라.

과객을 후하게 대접하라.

흉년기에는 땅을 사지 마라.

며느리들은 시집 온 후 3년 동안 무명옷을 입어라.

사방 백 리 안에 굶어 죽는 사람이 없게 하라.

등으로, '과거를 보되 진사 이상은 하지 마라' 는 것은 양반으로서의 기본적 교양을 갖추되 벼슬길에 나아가 당쟁에 휘말리지 말라는 뜻이다.

한마디로 요약하자면 악착 같은 '재산늘리기' 가 아니라 오히려 '나눔의 정신' 에 충실했다고 할 수 있다. 요즘말로 하면 기업의 사회적 책임에 철저했던 것이다.

마지막 후손이 교육사업에 헌신하고자 모든 가산을 정리하여 대

▌대명당인 최부잣집 대문

구대학(영남대학교 전신)에 기부한 것도 이와 같은 정신에서 유래한다.

| 대명당인 최부잣집 사랑채 터

| 최부잣집 장독대
  대명당에 물린 장독대의 장맛 때문에 시집간 최씨딸들은 친정에서 장을 가져갔다

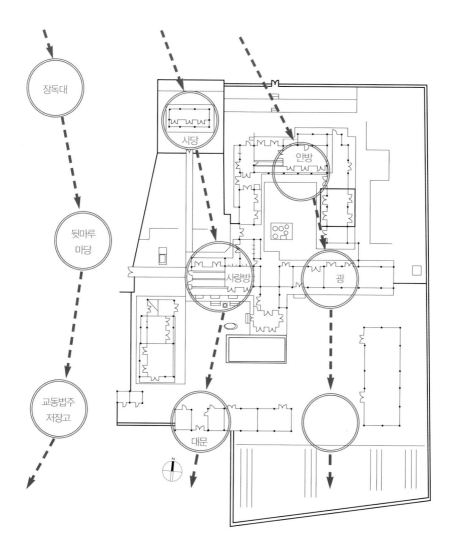

장독대

뒷마루
마당

교동법주
저장고

사당

안방

사랑방

광

대문

▌ 최부잣집 명당도

3개의 기맥선과 9개의 대혈이 있다

▌ 최부잣집 교동법주 저장고
뛰어난 맛으로 이름난 교동법주의 비밀은 바로 이 저장고에 있다

최부잣집 부의 또다른 비결 . . .

최부잣집이 오랜 세월 존경받는 부자로 살 수 있었던 또 하나의 비결은
집터에 있다.

경주 교동에 있는 그 집터는 사찰풍수와 맥을 같이 하는 대명당
터이다. 81수 대혈이 9개 맺혀 있는데 대문과 주인이 살았던 사랑채 터
가 대혈이다. 필자가 사찰명당을 거론하는 자리에 최부잣집을 소개하
는 이유는 기본적으로 사찰명당이나 서원명당의 모범적 사례에 가깝기
때문이다.

이런 자리에서 살면, 기 감응에 의해 심신이 균형 잡히고 좋은 컨디션을 유지할 수 있어서 언제 어디서나 일의 판단이 올바르고 정확해진다. 부를 쌓는 일을 세상에 덕을 베푸는 일과 더불어 할 수 있을 정도로 뛰어난 두뇌를 갖게 되는 것이다. 최부잣집이 이러한 인연을 얻기까지는 선대 조상들이 쌓은 덕이 무궁했을 것으로 짐작된다.

지금 보면 최부잣집은 용주사 9개 대명당과 구조가 똑같다. 이곳은 원래 신라 때 원효대사와 인연이 깊은 요석공주가 살던 요석궁터라고 한다. 그러니까, 이 터는 신라의 대학자 설총의 생가이기도 한 셈인데, 그 정도로 뛰어난 집터가 세월이 지나 최부잣집 가문과 인연을 맺게 된 것도 어쩌면 하늘의 섭리라 하겠다.

퇴계선생의 소박한 기운이 서린

도산서원

道産書院

도산서원은 원래 퇴계 이황이 도산서당을 짓고 유생들을 가르치며 학덕을 쌓던 곳이다. 선조 8년(1575년) 한호(韓濩, 한석봉)의 글씨로 된 사액(賜額 ; 현판에 쓰는 글씨)을 받음으로써 영남(嶺南)지방 유학의 메카가 되었다. 서원 안에는 약 400종에 달하는 4,000권이 넘는 장서와 장판(藏板 ; 글을 새긴 목판) 및 퇴계선생의 유품이 남아 있다.

퇴계선생은 관학인 향교와 국학은 나라의 제도와 규정에 얽매이고 과거 공부에 주력하느라 옳은 학문을 이룰 수 없지만, 서원에서는 출세주의와 공리주의를 떠나 자유로운 분위기에서 순수한 학문 연구에 몰두할 수 있다고 보았다.

그는 도산서당에서 강학하면서 당시 처음으로 시도된 실천중심의 학문, 배운 것을 그대로 실천하는 도덕 교육, 즉 앎과 실천을 함께 하는 지행병진知行竝進의 학문을 펼쳐서 기라성 같은 제자를 배출하게 된다.

퇴계선생이 도산서원에서 생활한 기록을 보자.

■ 도산서원에서 낙동강 너머로 보이는 맞은편의 풍광

'나는 항상 오래된 병고에 사로잡혀 있으니, 비록 산에 있다 해도 마음대로 글을 읽지 못한다. 깊은 아픔을 견디며 오래 숨을 고르고 나면, 때로는 육신이 날아갈 듯이 가볍고 편해지며, 몸과 마음이 맑게 깨어나서, 세상을 돌아봄에 감개무량하기 이를 데 없어지기도 한다. 그럴 때면 책을 덮고 지팡이를 이끌고 방을 나서서 헌(암서헌)에 이르고, 당(정우당)을 구경하고, 단을 거닐고 사(절우사)를 찾고, 밭에 나아가 약초를 심고, 숲을 헤쳐 꽃도 따고, 혹은 돌 위에 앉아 샘물도 만져보고, 대(천연대, 운영대)에 올라 구름도 바라보고, 혹은 물가 바위(반타석)에 기대 고기 노는 것도 구경하고, 물 위에 배를 띄우고 앉아 갈매기를 희롱해보기도 한다. 이렇게 마음이 끌리는 대로 이리 저리 돌아다니고 눈길 가닿는 것마다 살펴보고, 좋은 경치를 만나 흥에 취하여 노닐다가 돌아오면, 집은 적막하게 가라앉아 있고 책은 벽에 가득하여 책상을 마주하고 앉아 이미 알아낸 것은 따르고 새로 찾은 것은 닦아서 마음으로 깨우치기를 기다리다가 어떤 때는 밥 먹는 것까지 잊을 정도이다.'

도산서원은 9개의 명당혈이 맺혀 있고, 그 자리가 거의 정확하게 건물이나 출입문과 맞물려 있다. 퇴계선생의 기학氣學의 경지가 어디까지 도달했는지를 짐작할 수 있는 증거이다.

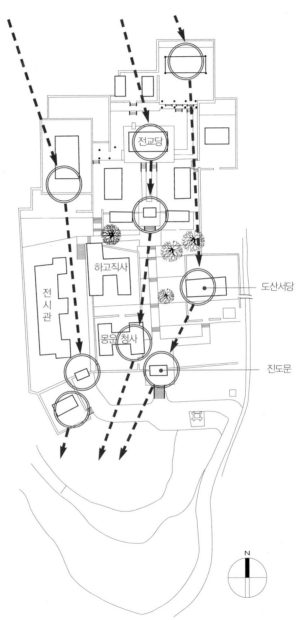

전교당

하고직사

전시관

몽유청사

도산서당

진도문

N

■ 도산서원 명당도

병산서원은 조선시대 대표적인 유교 건축물이다. 서애 류성룡柳成龍 대
감과 그의 셋째아들 류진柳袗을 배향한 서원이다. 병산서원의 유래를
살펴보면, 고려 때까지 거슬러올라간다.

당시 안동 풍산현에 있던 풍악서당에서 지방 유림의 자제들이
모여 공부를 하고 있었는데, 고려말 공민왕이 그곳을 지나가다가 학문
에 열중하는 것을 보고 크게 감동하여, 많은 서책과 사패지(賜牌地;호패
와 땅)를 주어 유생들을 더욱 학문에 열중하도록 격려했다고 전한다

이후 약 200년이 지나면서 서당 가까이에 집들이 많이 들어서고
길이 생기자 차츰 시끄러워졌다. 이에 유림들이 모여 서당을 옮길 것을
서애선생에게 문의했던바, 선생께서는 병산이 가장 적당할 것이라고
권했고 유림들은 선생의 뜻에 따라 서당을 병산으로 옮기고 '병산서
당'이라고 고쳐 부르게 되었다. 그 후 병산서원은 지방교육의 일익을

담당하고 많은 학자를 배출했으며 오랫동안 우리나라 유림의 기둥 중 하나였다.

조선조의 출중한 명재상 서애대감...

서애대감은 풍운에 위태로워진 나라의 등불이 된 우리나라의 대표적인 위인이다. 퇴계선생의 제자로서 유학의 정수를 이어받은 그는, 재상으로 있으면서 국왕의 명나라 망명의사를 철회시키고, 이순신 장군과 권율 장군을 발굴하여 이들이 능력을 발휘하도록 음양으로 보살폈다.

즉, 서애대감은 일반적인 저명 유학자와는 격이 달랐다. 국난을 맞아 국가경영의 총체적인 지휘를 맡아, 끝끝내 일본의 항복을 받아낸 중심인물이었다. 안타깝게도 일제강점日帝强占은 그의 경고를 무시한 결과였다. 오늘날 한일간의 갈등이 증폭되는 시기에 다시금 그의 혜안이 그리워질 뿐이다.

3개의 혈이 아주 멋들어지게 모여 있는 만대루...

필자가 병산서원을 감정한 결과 서애대감의 솜씨가 유감없이 발휘된 작품임을 알 수 있었다. 병산서원은 도산서원과 마찬가지로 3개의 기맥선에 모두 9개의 혈이 맺혀 있는데, 건물과 혈이 너무나 절묘하게 배치되어 있다.

　　이곳의 풍수에 대해서는 여러 주
장이 있다. 혹자는 이곳의 안산이 급하
게 다가와 있어 그다지 좋지 못한 곳이
라고도 하지만, 인적이 드물면서도 강물
이 감아돌아 자연스런 통기가 되는 것이
공부하는 곳으로는 가장 적합하다는 주
장도 있다.

**입적당에서 바라본 만대루와
낙동강 너머의 안산**
만대루 위에 많은 사람이 모여
쉬고 있다

　　안산이 급하여 좋지 않다는 주장은, 눈에 보이는 범위 너머를 감
안하면 단면만을 보는 외기풍수의 잡설일 뿐이다.

　　재미있는 것은 입구의 정자에 해당하는 만대루에 각기 다른 기
맥선에서 흘러내려온 3개의 혈이 나란히 맺혀 있다는 사실이다. 아주
멋들어지게 모여 있다. 사찰의 명당과는 또다른 깊이가 있는 곳이다.
이 만대루 위에는 사시사철 사람들이 모여서 쉬는데, 명당이라는 사실
은 몰라도 왠지 좋기 때문에 모여드는 것이다.

　　참고로, 충무공 사후 서애대감이 써준 것으로 짐작되는 충남 아
산의 충무공 묘소는 81수 대명당에 너무나도 정확히 안치되어 있다.

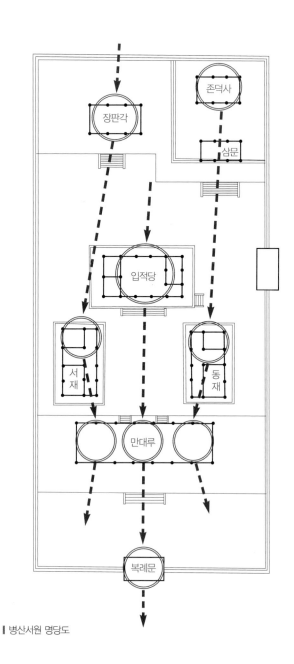

존덕사

삼문

장판각

입적당

서재

동재

만대루

복례문

병산서원 명당도

필암서원은 선조 23년(1590년)에 하서河西 김인후(金麟厚, 1510~1560)를 추모하기 위해서 그의 고향인 기산리에 세워졌다.

하서선생은 도학道學의 정통을 이어받은 인물로, 도학의 이론적 탐구에도 일가를 이루어 성리학사에서 중요한 비중을 차지하고 있다. 도학자의 행동원칙은 나아가 겸선천하(兼善天下, 천하와 더불어 선한 일을 함)를 하며 물러가 독선기신(獨善其身, 홀로 그 몸을 깨끗하게 보존하는 것)하는 것인데, 그들이 권력의 기회를 등지고 독선기신에 전념할 때 산림파山林派 내지 사림파士林派의 성격을 갖게 된다.

도학의 정통을 이어받은 하서 김인후...

경기의 김안국, 조광조, 호남의 김인후, 영남의 이언적, 이황, 조식 등이 이 시대 사림의 우두머리였다. 송시열은 하서선생의 신도비명神道碑銘에서 '도학과 절의와 문장을 겸유한 인물로서 하늘이 도와 우리나라에 내려주신 분'이라고 극찬했다.

선생은 34세 때(1543년, 중종 38년) 홍문관 부수찬副修撰으로 있으면서 상소문을 올려 '한 나라가 넓다고 해도 오직 한 사람이 다스릴 수있고, 일이 번거롭고 많다고 하더라도 오직 한 마음이 주체할 수 있으니 임금의 일심은 교화의 근원이요 기강이 서는 근거이다'라고 하며, 어진 인재를 등용하고 나쁜 관습을 바로잡는 데 힘쓰도록 강조하면서을묘사화가 바른 선비들을 희생시킨 억울한 일임을 깨달아 뉘우칠 것을 요구했다.

율곡은 하서선생을 이르기를, 세상에 나서고 들어앉는 처신의

┃ 필암서원 확연루

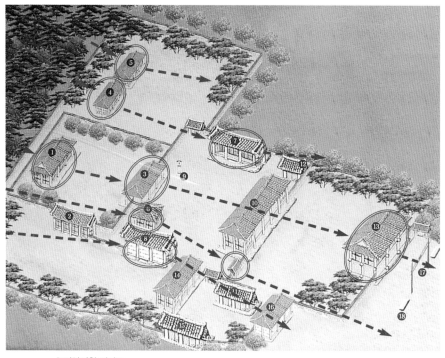

❚ 필암서원 명당도

1. 우동사   2. 전사청   3. 내삼문   4. 장판각   5. 한장사   6. 경장각   7. 진덕재   8. 숭의재   9. 계생비
10. 청절당   11. 화장실   12. 화장실   13. 확연루   14. 관리사   15. 부속사   16. 행랑채   17. 홍상문   18. 하마석

의리가 바른 점은 해동에서 그와 비길 사람이 없다고 했다. 그는 일찍
이 성균관에 유학하면서 퇴계와 친교를 맺고 도를 논한 인물이었다.

　　필암서원은 1597년 정유재란으로 불타 없어졌으나 인조 24년
(1624년)에 다시 지었다. 현종 3년(1662년)에 임금이 ‘필암서원’이라고
쓴 현판을 직접 내려보냈으며, 1627년에 지금의 자리로 옮겨 세웠다고
한다.

누가 지었는지는 모르지만 필암서원은 자연의 이치 그 자체 . . .

▌확연루에서 내다본 안대(案帶)

공부하는 곳을 앞쪽에, 제사지내는 곳을 뒤쪽에 배치한 전학후묘前學後廟의 형태로서 휴식처가 되는 확연루廓然樓를 시작으로 수업을 받는 청절당, 그 뒤에 학생들이 생활하는 공간인 동재와 서재가 자리 잡고 있다. 그리고 그 북쪽으로는 문과 담으로 별도의 공간을 만들어 사당(우동사)을 두고 제사를 지냈다.

　　사당의 동쪽에는 장경각이 있는데, 보물로 지정된 서책이나 문서 등이 보관되어 있다. 이들 자료는 주로 18세기~20세기 초부터 전래된 것으로서, 당시 지방교육과 제도 및 사회·경제상, 그리고 학자들의 생활상 등을 연구하는 데 중요한 자료이다. 또 서원의 문루인 확연루는 방주方柱를 쓴 정면 3칸, 측면 3칸, 상하 18칸의 2층와가二層瓦家이다.

　　여기서 언급한 우동사, 확연루, 장경각, 동재, 서재는 모두 대혈에 들어 있다. 재미있는 점은 기맥선이 모두 5개가 내려가면서 맺힌 9개 혈들이 한군데 모여 있다는 것이다. 이중 7개가 대혈이고 2개가 소혈인데, 가운데 기맥선에서 우동사, 내삼문, 확연루가 일직선을 이루고 있는 대혈이다.

▎필암서원 우동사

　필암서원을 둘러싸고 있는 주산의 품이 넉넉하고 확연루에서 내려다보이는 안대는 평온하기 그지없다. 호남유림의 인재의 산실이 되기에 부족함이 없는 대명당 서원이다.

불국사佛國寺는 대한불교 조계종 11교구본사敎區本寺의 하나로 1995년 세계문화유산 목록에 등록되었다.

불국사의 창건에 대해서는 여러 설이 있는데, 처음에는 소규모로 지어졌다가 경덕왕 때 와서 재상 김대성이 대대적으로 확장한 것이 확실하다. 고려시대 일연(1206~1289)이 지은 『삼국유사』 권5 대성효이세부모大城孝二世父母조에서 불국사와 석굴암의 창건 설화를 다음과 같이 전하고 있다.

모량리의 가난한 여인 경조慶祖에게 아이가 있었는데 그의 머리는 크고 이마는 평평한 성城 같았다. 그래서 대성이라고 이름 지었다. 그들은 집이 궁색하여 생활하기 어려웠으므로 부자 복안福安의 집에 품팔이를 하고 그 집에서 준 약간의 밭으로 의식을 해결했다.

어느 날 점개漸開스님이 육륜회六輪會를 흥륜사에서 열고자 하여 복안의 집에 와서 시주를 권했다. 복안이 베 50필을 시주함에 그 스님이 축원했다. "신도께서 보시를 좋아하니 천신이 항상 수호하소서. 하나의 보시로 만 배를 얻고 안락하게 장수하소서."

대성이 이를 듣고 어머니에게 말했다. "제가 문 밖에서 스님이 축원하는 것을 들으니 하나를 보시하면 만 배를 얻는다고 합니다. 우리가 전생에 선한 일을 못했기 때문에 지금 이렇게 가난한 것인데 지금 또 보시를 하지 않는다면 내세에는 더욱 가난할 것이니 제가 고용살이로 얻은 밭을 법회에 보시하여 훗날의 과보를 도모함이 어떠하겠습니까?"

이에 어머니도 좋다고 하여 그 밭을 점개스님께 보시했다. 그 후 얼마 뒤 대성이 죽었는데 그날 밤 재상 김문량金文亮의 집에 하늘의 외침이 있기를 "모량리 대성이란 아이가 지금 너의 집에 태어날 것이다"라고 했다.

집안 사람들이 놀라 사람을 시켜 찾아보도록 했더니 대성이 과연 죽었는데 하늘의 외침이 있던 때 김문량의 부인이 임신하여 아이를 낳았다. 그 아이는 왼손을 꽉 쥐고 펴지 않다가 7일 만에 폈는데 거기에 '대성大城'이라고 새긴 금패 줄이 있어 또다시 대성大城이라고 이름 지었다. 또한 전생의 어머니를 모셔다가 함께 봉양했다.

대성은 어느덧 무럭무럭 자라 사냥을 좋아하는 청년으로 장성했다. 하루는 그가 토함산에 올라 곰 한 마리를 잡아 죽이고 산아래 마을에서 자는데, 꿈에 죽은 곰이 귀신으로 나타나 "네가 어찌 나를 죽였느냐? 내가 도리어 너를 잡아먹겠다"고 하자, 대성은 두려워하며 용서를 빌었다. 그러자 곰 귀신이 말했다. "나를 위해 절을 세울 수 있겠느냐?"

대성은 그렇게 하겠다고 맹세하고 꿈에서 깼다. 그때부터 대성은 사냥을 금하고 그 곰을 잡았던 자리에 장수사를 세웠다. 이로 인해 마음에 감동이 있고 자비로운 원력이 더욱 깊어 갔다. 그리하여 현세의 양친을 위해 불국사를 짓고 전생의 부모님을 위해 석굴암을 지어 신림神琳, 표훈表訓 두 성사를 청해 각각 거주케 했다.

재상 김문량의 아들로 태어난 김대성은 곰사냥이 인연이 되어 불교에 귀의했으며 부모의 은혜에 보답하기 위해 불국사와 석굴암을 창건했다는 것이 이 설화의 역사적인 내용이다. 이 설화에서는 보시布施와 비원悲願과 효행孝行의 공덕이 강조되고 있다.

김대성(?~774)은 8세기 중반 시대 사람으로 경덕왕 4년(745년) 5월부터 750년 1월까지 4년 8개월 동안 시중을 지냈고 시중직을 사임한 다음해인 751년부터는 불국사와 석굴암 창건을 시작했다. 당시 신라는 삼국통일 후 정치·경제·종교·문화의 중흥기로서 여러 조건이 이 대

▌불국사 전경

불사大佛事를 가능하게 했다고 여겨진다. 특히 김대성이 지었다고는 하나 그 당시 뛰어난 예술가와 장인들에 의해 완성된 걸작품임에 틀림이 없다.

한치의 오차도 없는 불국사의 배치 . . .

불국사는 명당도에서 보는 바와 같이 28개의 크고 작은 혈에 한치의 오차도 없이, 즉 기맥선氣脈線과 진혈眞穴 자리에 부처를 모시고, 탑과 주요건축물을 배치했다.

또한 다보탑과 석가탑 자리도 정확하기 그지없다(현재의 석가탑은

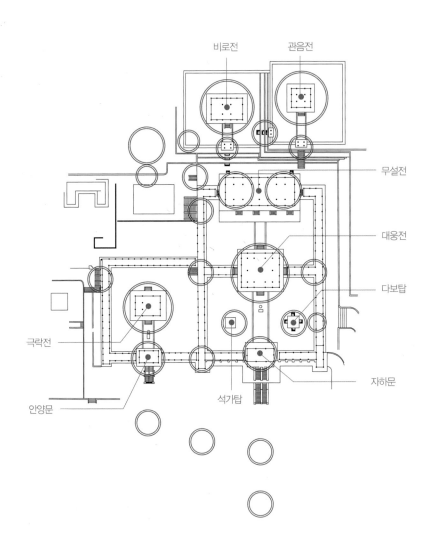

비로전

관음전

무설전

대웅전

다보탑

극락전

자하문

석가탑

안양문

┃ 불국사 명당도

모두 28개의 크고 작은 혈(대혈 9+소혈 19)이 맺혀 있음을 확인했다

▌불국사 석가탑과 다보탑
석가탑은 원래 자리에서 약간 벗어나 있다

해체조립과정에서 원래 자리로부터 약간 움직인 것이다). 다보탑의 예술성이나 불국사 전체의 웅장함을 말하는 이들이 많지만 풍수를 공부하는 사람은 필히 상기 배치도를 참작하여 진혈이 어디에 있는지 참고하기 바란다.

탑돌이는 지기地氣를 중심으로 천天과 인人을 일체화시키는 작업 . . .

예로부터 불교 행사 중 하나로 탑돌이라 하여 절의 탑 주위를 도는 의례가 있었다. 이는 대웅전의 부처님과 탑이 진혈 위에 있기 때문에 탑 주위를 돌면서 그 주위에 많은 지기地氣를 마시는 일이라고 보면 된다.

卍 동방 제일의 부처님 모신 자리

통도사

通度寺

통도사通度寺는 낙동강과 동해를 끼고 하늘 높이 치솟은 해발 1,050미터의 영축산 남쪽 기슭에 자리잡고 있다. 영축산이란 본래 부처님 재세시 마가다국 왕사성 동쪽에 있던 그라드라라는 산이었다. 본래 이 산은 부처님께서 법화경을 설한 곳으로 유명하며 신선과 독수리들이 많이 살고 있었다 하여 영축산이라고 불렸던 곳이다.

신라의 자장율사가 창건한 통도사는 삼보 가운데 가장 으뜸인 불보를 간직하고 있어 진정한 불지종찰이요, 국지대찰이라 할 수 있다. 특히 석가모니 부처님의 진신사리와 가사를 금강계단에 봉안하고 있기 때문에 대웅전에 불상이 없는 사찰로 유명하다. 이는 부처님의 진신인 사리가 대웅전 뒤쪽 금강계단에서 살아 숨쉬고 있어 구태여 부처님 형상이 필요 없다는 뜻이다.

영축산 통도사에 있는 전각들과 탑, 석등, 이것들과 어우러진 자연, 그 속에서 불법을 꽃피운 위대한 고승들. 어느 하나 불연佛緣과 떼

▌통도사 일주문

▌통도사 불이문

▌통도사 천왕문

▌통도사 금강계단
부처님 진신사리를 모신 곳으로 통도사에서 가장 큰 혈이 맺혀 있다

놓을 수 없다. 그래서 이 산의 모양이 부처께서 불법을 직접 설하신 인도 영축산과 통한다 해서 통도사라 이름했다고 일컬어진다. 또한 승려가 되려는 사람은 모두 부처님의 진신사리를 모신 금강계단에서 계를 받아야 한다는 의미에서 통도사라 했다고 전한다.

뛰어난 산세 덕분인지 통도사는 암자를 제외한 본찰만 해도 81수 대혈을 포함하여 크고 작은 혈이 28개나 맺혀 있는 것으로 파악된다. 필자가 현지에서 조사한 바로는 출입제한으로 미확인된 것을 제외하고 22개의 대혈이 확인되었다.

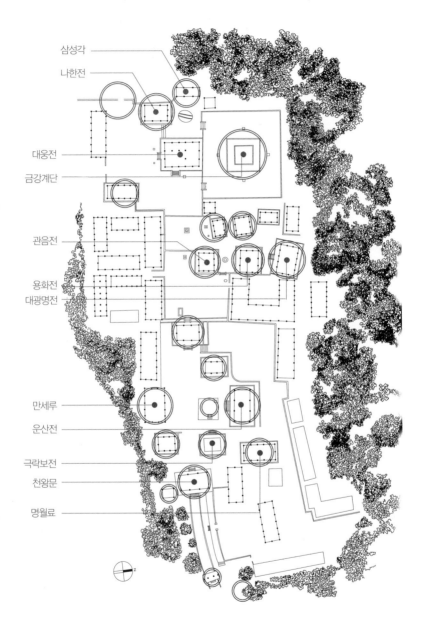

삼성각
나한전
대웅전
금강계단
관음전
용화전
대광명전
만세루
운산전
극락보전
천왕문
명월료

▎통도사 명당도
출입제한 때문에 28개의 크고 작은 혈 중에서 확인할 수 있었던 것은 22개였다 월정사月精寺는 신라 선덕여왕 12년(643년) 자장율사가 창건한 절로서, 자연 조건과 풍광이 빼어날 뿐더러 예로부터 오만 보살이 상주하는 불교 성지로 신성시되어온 오대산에 자리하고 있다.

자장율사는 636년에 중국 오대산으로 유학을 갔다. 그리고 그곳 문수사에서 기도하던 중에 문수보살을 친견한다. 그로부터 "너희 나라 동북방에는 일만의 내가 상주하고 있으니 그곳에서 다시 나를 친견하라"는 게송을 듣고 신라에 돌아오자마자 문수보살이 상주한다는 오대산에 들어갔다. 그리고 임시로 초가를 짓고 머물면서 다시 문수보살을 만나기를 고대하며 정진했다. 그러나 자장율사는 문수보살을 친견하지 못하고 태백 정암사에 들어가 입적한다. 비록 문수보살을 친견하고자 하는 뜻은 끝내 이루지 못했으나 이로부터 월정사는 오대산 깊은 계곡에 터를 잡게 되었다.

그 무렵의 월정사는 금당金堂 뒤쪽이 바로 산인, 특수한 산지 가람伽藍 형태를 취했다. 금당 앞에 탑이 있고 그 옆에 강당 등의 건물이 세워져 있었다. 이는 남북자오선南北子午線 위에 일직선으로 중문, 탑, 금당, 강당 등을 세운 신라시대의 일반적인 가람 배치와는 다르다.

필자는 지난 겨울 월정사에 며칠간 머무르면서 현대적인 측량도 면 위에 정확한 실측을 해본 바 있다.

월정사는 말 그대로 대혈이 맺힌 모습들이 전체적으로 반달처럼 생겼고, 또 개별 혈들도 달이 이지러지는 모양과 흡사하다. 통상적인 대혈의 맺힘과는 판이하게 다른 재미있는 모습을 보여주고 있다.

❙ 사천왕문에서 보이는 월정사 대웅전

▌월정사 용금루

특기할 것은 대웅전에 해당하는 대적광전의 혈 크기는 직경이
무려 30미터가 넘는 것으로 전국사찰 가운데서도 가장 큰 편에 속한다
는 사실이다. 이만한 혈 크기가 있는 곳으로는 통도사의 금강계단, 속
리산 법주사 대웅전, 내장산 백양사 대웅전 정도이다. 월정사가 과거부
터 명찰로 이름난 것은 이와 같이 법당의 기운이 커서, 수행하거나 기
도드리는 사람들에게 커다란 도움을 주었기 때문일 것이다.

월정사는 원래 입구의 용금루가 대웅전에 버금가는 대혈인데,
현재 출입구로 거의 사용되지 않고 있으나 가까운 시일 내에 바로 잡힐
것으로 보인다.

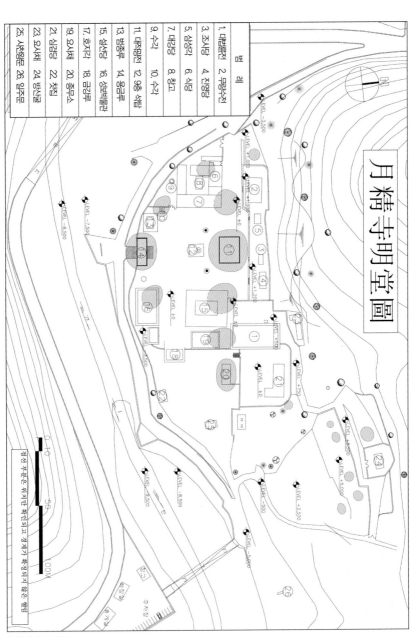

月精寺明堂圖

범 례	
1. 대웅전	2. 명부전
3. 조사당	4. 진영각
5. 삼성각	6. 식당
7. 대강당	8. 창고
9. 수각	10. 수각
11. 대적광전	12. 9층 석탑
13. 범종루	14. 요사루
15. 설선당	16. 선불발원
17. 홍지각	18. 금강루
19. 요사채	20. 종무소
21. 심검당	22. 천왕
23. 요사채	24. 방사물
25. 사천왕문	26. 일주문

월정사 명당도

대한불교 조계종 제24교구본사로서 전북 고창군 아산면에 자리잡은 명승고찰 선운사. 검단선사는 이 절을 창건하면서 '노을에 깃들고 구름에 머무르면서 참선수도하여 선정의 경지를 얻고 모든 번뇌를 타파하라'는 참선와운參禪臥雲의 의미에서 선운사라고 했다.

백제 위덕왕(577년) 때 창건된 선운사는 당시 89개의 암자와 당우 189채, 수행처 24개소, 그리고 승려 3,000여 명을 거느린 대사찰이었다. 그 뒤 폐허가 되어 육층석탑만이 서 있는 것을 극유스님이 보고 1472년에 발원하여 이듬해 2월, 제자 종념과 함께 성종의 작은아버지 덕원군이 쓴 원문願文을 얻어 10여 년 동안 중창했다. 그리하여 1481년 (성종 12년)에 옛 모습을 되찾았으나 정유재란(1597년, 선조 30년) 때 모든 건물이 소실되었다. 그 뒤 광해군 5년에 태수 송석조의 후원으로 일관 스님과 그의 제자 원준에 의해 중수되었다.

절 입구 오른편에는 부도탑들이 많은데 이 부도탑으로 두 개의
맥선이 내려와 두 개의 혈을 결성하고 있다. 두 개의 부도탑은 혈 위에
정확히 안치되어 있다. 이 부도탑들이 있는 주변은 저지대로 습기가 많
아 전통 풍수이론에서는 혈이 있을 수 없다고 하겠지만 석문당과 청우
당 대선사의 부도탑은 명당 위에 안치되어 있다.

일반적으로 절의 탑이나 부도탑이 혈 위에 안치되어 있느냐 없
느냐는 쉽게 구별할 수 있는데, 혈 위에 안치되어 있으면 기의 작용으
로 이끼가 별로 없고 돌이 황금빛을 띤다.

| 선운사 대웅전

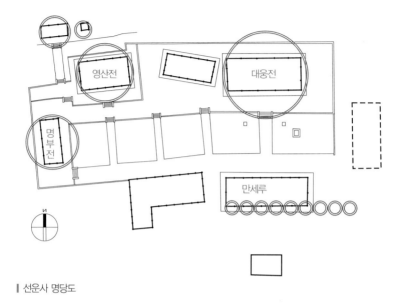

┃ 선운사 명당도

절마당에 들어서면 뒷산에서 대웅전으로 세 개의 맥이 흘러내려와 대웅전 안에 혈이 맺혀 있다. 이 혈 위에 세 분의 부처님을 정확히 안치했다. 마당에도 또다른 두 개의 혈이 있으며 대웅전 맞은편 강당 같은 건물에도 세 개의 혈이 있다. 이와 같이 한 사찰 안에 명당이 14개나 있듯이 우리 주변에는 명당이 무한대로 있다.

대웅전 바로 옆에 있는 영산전 안에는 대혈이 맺혀 있어 부처님 세 분을 한 혈에 안치했고, 영산전 뒤편에 있는 삼신각은 건물 전체가 대혈 안에 있다. 그리고 바로 옆 팔상전에 또 하나의 혈이 있고 명부전에도 혈 위에 부처님을 안치했다.

선운사 뒤에는 인촌 선생의 조부 묘소가 있는데, 이 무덤을 지키는 재실 안에도 혈이 있다. 재실의 현판은 추사 선생이 쓴 것이다. 인촌 선생의 조부 묘는 '당시 선운사의 어느 선사가 논 200마지기를 선운사에 시주하고 정혈定穴했다'고 전해지는데 일부 풍수 답사기에는 단지 명당이라는 정도만 논하고 있다.

이 묘를 정혈한 선사는 묘의 석물 하나하나에 풍수원리를 설명해놓았는데 그의 풍수실력은 신의 경지에 가깝다. 이 석물들을 정확히 해석하면 이 묘가 얼마나 큰 명당이며 한치의 오차도 없이 정확하게 안치되었는지를 알 수 있다. 남의 조상 묘를 지면을 통해 설명할 수는 없으나 이 석물들은 『장경』에 나오는 승금乘金·상수相水·혈토穴土·인목印木을 설명한 것이다. 풍수지리를 공부하는 이들은 잘못된 왕릉이나 답사하지 말고 좋은 명당을 찾아가서 직접 확인해보길 바란다. 석물로 명당임을 설명하고 있는 이 묘를 한번 답사하여 명당의 형성 원리를 알아두는 것도 좋을 것이다.

선운사 도솔암의 마애불상은 보물 1200호로 지정되어 있는데 풍수지리를 공부하는 사람에게는 천하에 없는 보물이다. 이 마애불은 단순히 암벽에 불상을 조각한 것이 아니다. 마애불의 암벽 정상에는 혈이 하나 있으며 마애불의 배꼽에서 앉은 좌대까지가 혈이다. 암벽에 있는 혈에다 마애불을 조각한 것이다. 우리나라 풍수이론에서는 '석산에 혈이 맺히지 않는다'고 기술하고 있는데 실제로는 이렇게 암반에 혈이 맺혀 있는 곳도 있다. 석산에 혈이 없다는 것은 잘못된 것이다.

선운사는 명당의 보고이며 풍수지리 공부에 많은 도움을 줄 수 있는 곳이기에 한번 답사하여 확인해보길 적극 권한다.

일명 대둔사大芚寺라고도 일컫는 대흥사大興寺는 대한불교 조계종 제22
교구의 본사로서 1천 좌의 불상을 모시고 있으며, 13대종사와 13대강
사를 배출하며 조선 후기 불교를 중흥시킨 대찰이다. 절의 기원은 426
년 신라의 승려 정관淨觀이 창건한 만일암挽日庵이라고도 하고, 또 544
년(진흥왕 5년)에 아도阿道화상이 창건했다고도 한다. 임진왜란 이전까지
는 이렇다 할 사찰의 규모를 갖추지 못했던 것으로 추정된다.

　　대흥사는 임진왜란 때 서산대사西山大師가 거느린 승군僧軍의 총
본영이 있던 곳으로 유명하다. 서산대사가 제자 사명당과 처영 스님
에게 "삼재가 들어오지 않는 만세토록 파괴됨이 없는 곳"이라 이르며
당신의 의발衣鉢을 이 절에 봉안하라고 유언한 이후 크게 번성했다고
한다.

　　당우마다 당대의 명필이 걸려 있고 일지암에 올라 초의선사의
동다송을 접할 수 있는 다도문화의 전승지이기도 한 대흥사. 대흥사의

┃ 대흥사 대웅전

산문에서부터 두륜산도립공원 구림숲길 10리를 황홀경에 빠져 걸어보라. 그동안 순례자는 어느새 일상의 번뇌에서 벗어나고 자신을 옭아매던 세상사의 짐이 한순간 덜어져 있음을 느낄 수 있을 것이다.

필자가 조사한 바로는 대웅보전 블록에 9개의 혈, 천불전 블록에 9개, 표충사에 7개, 일주문에 1개, 그리고 산등성이 쪽에 2개 등 모두 28개의 혈을 확인했다. 이중 대웅보전과 침계루는 직경이 25미터가 넘는 대혈이었다.

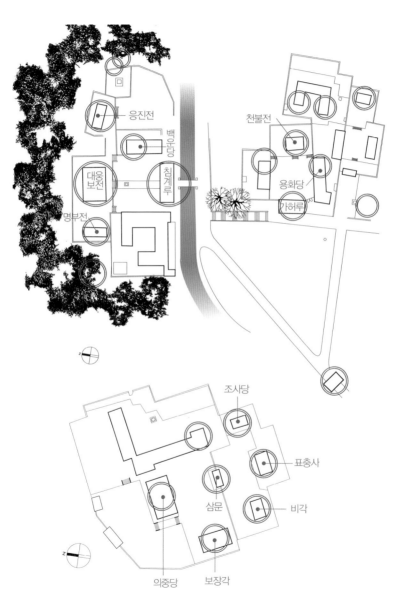

응진전

백운당

천불전

대웅보전

침계루

용화당

명부전

가허루

조사당

표충사

삼문

비각

의중당

보장각

대흥사 명당도

석굴암

불법의 영원한 상징

石窟庵

석굴암의 정식 문화재 명칭은 석굴암 석굴이며, 국보 24호(1962. 12. 20 지정)로서 한국의 국보 중에서 최고로 치는 걸작품이다. 연기설화에 따르면, 김대성은 경주의 토함산을 정상으로 서쪽에는 현세의 부모를 위해 불국사를 지었고, 동쪽에는 전생의 부모를 위해 석굴암을 지었 다고 한다.

또한 불교의 인과응보 사상을 기반으로 한 요소도 엿보인다. 어 느 날 김대성은 천정을 덮을 석불을 조각하기 위해 큰 돌 하나를 다듬 었는데 갑자기 돌이 세 쪽으로 갈라졌다. 이에 통분하면서 대성이 잠을 자는데, 밤중에 천신이 내려와 석불을 다 만들어놓고 갔다는 등의 전설 이 전해진다.

석굴암은 토목기술을 바탕으로 만든 인공석굴 • • •

석굴암은 화강암의 자연석을 다듬어 인공적으로 축조한 석굴사찰이다. 즉 인도나 중국 등의 경우와 같이 천연 암벽을 뚫고 조성한 천연석굴이 아니라 토목기술을 바탕으로 만든 인공석굴이다.

석굴의 기본적인 평면구조는 전방후원前方後圓의 형태를 취하며 네모진 공간의 전실前室과 원형의 주실主室로 나누어져 있다. 주실에는 단독의 원각圓刻 본존상을 비롯하여 보살과 제자상이 있고 전실에는 인왕상仁王像과 사천왕상四天王像 등을 부조浮彫하여 배치했다. 이 전실은 예배와 공양의 장소이다.

천정은 궁륭형의 둥근 양식이며 그 위에 연화문의 원판을 두어 천개天蓋로 삼았으며 조각상의 배치는 전실로부터 시작하여 팔부신중八部神衆 8구, 인왕仁王 2구, 사천왕四天王 4구, 본존여래좌상本尊如來坐像 1구가 있다. 이들 불상 배치의 특징은 무엇보다 좌우가 대칭을 이룬다는 사실이다. 이는 고대 조형미술의 기본 원칙과도 같으며 석굴에 안정감을 주는 원인이기도 하다.

조각상 가운데 가장 중심을 이루는 것은 본존여래좌상이다. 이 석굴 자체가 본존상을 봉안하기 위해 조명된 것으로 그 의미가 매우 큰 불상이다. 기도의 주대상이 본존상이며 신라조각 미술의 결정이라고 해도 지나치지 않을 만큼 뛰어난 작품이다. 석굴암 본존상은 지금까지도 일본학자들에 의해 석가여래로 통칭되어왔으나 현재는 아미타불이라는 게 정설이다. 석굴암은 1995년 유네스코에 의해 고려대장경(해인

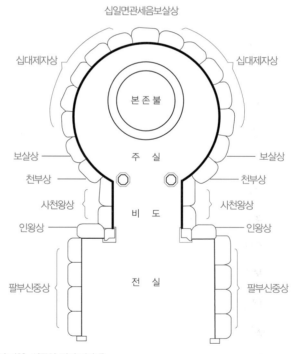

십일면관세음보살상

십대제자상 　　　　　　　 십대제자상

본존불

보살상 —　주　실　　— 보살상

천부상 —　　　　　　— 천부상

사천왕상 {　비　도

인왕상 —　　　　　　— 인왕상

팔부신중상 {　전　실　 } 팔부신중상

┃ 석굴암 종단면도(위), 석굴암 평면도(아래)

사 팔만대장경), 종묘와 함께 세계문화유산으로 지정되었다.

석굴암(석불사)은 피라미드와 같은 원리 . . .

『삼국유사』에서 석굴암은 석불사石佛寺로 명기되어 있다. 언제부터 석굴암으로 불리었는지는 모르겠으나 모양이나 형태로 보아 석불사로 부르는 게 원래 창건 의미에 맞는다. 석굴암은 세계 7대 불가사의인 이집트 피라미드와 같은 원리로 축성되었다.

5000년 전 이집트에서는 사람의 영생永生을 믿었다. 이 영생사상에 따라 기氣의 힘으로 죽은 왕을 환생시킬 수 있다고 생각했다. 지구와 우주에는 기가 있고, 피라미드를 만들면 기가 모이면서 기맥선이 형성되어 원圓으로 돌고, 기가 제일 많이 모이는 곳이 피라미드의 1/3 지점이라는 등 모든 사실을 알았기 때문에 왕의 시신을 피라미드의 1/3 지점에 안치한 것이다.

다시 말하면 5000년 전 이집트의 누군가는 기의 움직임과 기의 세계를 알고 있었다. 그리하여 명당을 인공적으로 만든 것이다. 이것이 피라미드이다. 명당에 무덤을 쓰는 것은 땅속의 기가 모여 있는 혈에 조상의 시신을 안치하여, 묻힌 조상의 유골을 매개체로 자연의 기를 자손에게 전달하자는 동기감응同氣感應의 원리이다. 땅속 기의 결집체인 명당 위에 석불을 안치하고 기가 사방으로 흩어지는 것을 막아, 기도하는 많은 사람들에게 기를 전하기 위해 인공적으로 석굴을 만들고 전면에 출입구를 만들어놓은 것이 석굴암의 구조이다.

5000년 전에 만든 이집트 피라미드와 1300년 전에 만든 석굴암, 그리고 현재 명당에 무덤을 쓰는 것은 모두 기를 이용하고자 하는 원리이다. 이집트 피라미드는 인공적으로 기의 응집처를 만들어 사용했고 석굴암은 자연적으로 존재하는 기의 응집처를 사용했다. 이집트 피라미드는 죽은 왕을 위해 만들었으나 석굴암은 산 사람들의 기도처로서 만들어졌다.

석굴암은 천하명당에 그 활용하는 원리를 정확하게 적용하여 만든 것이며, 이집트 피라미드는 세계 7대 불가사의가 아니라 인공적으로 만든 명당임을 안다면 풍수이론을 제대로 아는 사람이 될 것이다.

보수공사의 문제와 올바른 치료법 • • •

김대성이 창건한 석굴암이 언제 완성되었는지는 기록이 없다. 또한 지금같이 명당의 원리가 깨져 습기 차고 이끼 끼는 현상에 대해서도 정확한 기록이 없다. 다만 조선시대 우담愚潭 정시한丁時翰의 「산중일기山中日記」에 다음과 같은 내용이 적혀 있다.

무진(戊辰, 1688년) 5월 15일, 석굴암 석굴에 올라보니 모두 인공으로 지은 것이다. 석문 밖 양변은 4, 5개의 큰 바위에 불상을 남김없이 조각했고 그 기교함은 하늘에 이른 듯하다. 그 안에 거대한 석불상石佛像이 있으니 살아 있는 듯 엄연하다. 굴 위의 개석과 주위의 돌들은 둥글고 똑바로 서 있어 하나도 기울어지거나 어긋난 것이 없다. 열립列立해 있는 불상들은 마치 살아 있는 듯하고 이러한 기이한 모습은 보기 드문 것이다.

이 글로 보아 그 당시는 완벽하게 보존되었다고 보아야 할 것이다. 그 후 1912년, 일본인들은 현장조사를 통해 석굴암이 황폐화되어 절박한 상황에 처해 있다고 보고하고, 1913년~1915년에 제1차, 1917년에 제2차, 1920년~1923년에 제3차 공사를 했다. 그러나 해방 후 1961년 들어서 일본인들의 보수공사의 모순들이 드러나면서 각계각층의 깊은 관심과 적극적인 지원 아래 1961년 9월 13일~1964년 6월 30일까지 수리공사를 하여 현재에 이르고 있다. 하지만 여러 차례의 보수 공사 후에 다음과 같은 문제점이 발생하고 있다.

① 굴 내에 미생물인 청태靑苔가 생긴다.
② 굴 내에 습기가 발생하고 누수 현상이 일어난다.
③ 굴 내외의 여러 벽상들에 풍화 현상이 진행된다.
④ 굴 내로 흙과 먼지가 모여들어 쌓인다.

이상의 문제점들이 생기자 유리로 차단막을 세우고 내부 관람을 억제하여 인공적으로 공기를 순환시키고 있다.

석굴암에 현재 이런 여러 가지 현상이 생기는 이유는 무엇인가. 석굴암의 축성 원리는 혈을 어떻게 이용할 것인가 하는 풍수지리의 원리인데, 여러 차례의 보수공사시 풍수지리의 원리로 해결책을 찾아야 할 것을 현대 건축으로 해결했기 때문이다.

따라서 이 문제점들은 풍수지리이론으로 해결책을 찾아야 할 것이다. 명당은 기맥선이 지하수를 만나야 당판이 형성되고 당판 안에 혈이 형성되며 혈 안에 혈심이 형성된다. 혈 주위에는 가는 지하수(계맥수)가 상하에서 돌고 있는데 이 명당 구조에 석굴암은 정확히 들어맞으며 혈심 위에 석불을 앉힌 것까지 들어맞는다.

필자는 그곳을 직접 답사하여 기맥선과 산 위와 비도에 지하수가 지나는 것을 확인했으나 원실에는 들어갈 수 없어 계맥수界脈水의 파괴 유무는 확인할 수 없었다. 그러나 본존불 뒤쪽에서 물이 난다는 말을 들은 바 있다. 습기가 차는 것으로 보아 혈 주위를 돌고 있는 계맥수의 상층 부분을 보수공사시 파괴하여 혈을 망가지게 했다고 봐야 한다. 망가진 혈을 원래대로는 만들 수 없지만 황토방의 원리를 적용하여 보수를 하면 피해를 최소화할 수 있을 것이다. 자연은 자연으로 치료하는 게 상책인데 이를 모르고 현대 건축으로 보수하다보니 피해가 가중되고 있다.

경기도 양주군 회천읍에서 포천으로 가는 도로 옆에 위치한 회암사檜巖寺는 무학대사가 거처하던 곳이다. 『동국여지승람東國與地勝覽』 권2에 보면 '명종 4년(1174년) 금나라 사신이 회암사에 왕래했다'는 기록이 있는데 이로 미루어 고려 중기 이전에도 회암사가 존재했음을 알 수 있으나 당시에는 상당히 작은 규모의 사찰이었다.

그 후 무학대사의 스승인 인도승려 지공대사指空大師의 관심하에 그의 제자 나옹懶翁대사가 국찰國刹 규모의 대사찰로 중창했다. 나옹이 시작하여 고려 말에 완성된 회암사의 모습은 목은 이색의 「천보산 회암사 수조기天寶山 檜巖寺 修造記」에서 이렇게 전하고 있다. '총 262칸의 전각들로 이루어진 가람은 동방의 제일이며 법당에는 15척(4.5미터)의 불상 7구와 1척(3미터)의 관음상이 봉안되어 있었다.'

조선시대에도 회암사는 태조 이성계와 무학대사의 관계 속에서 계속 번영을 누릴 수 있었다. 무학이 거처하는 회암사를 태조가 빈번하게 방문했고, 왕위를 양위한 이후에는 아예 이곳에서 거주하며 수도 생활을 했다. 세종대에는 효령대군에 의한 불사가 진행되었고 성종대에는 정희대비에 의한 중창이 대대적으로 실시되었다. 연산군대의 불교 탄압에도 불구하고 회암사는 명맥을 이어갔다.

회암사는 천보산天寶山 남쪽의 얕은 계곡을 흙으로 메워 계단식으로 단지를 조성하여 세운 절이다. 이런 좁은 계곡에는 풍수이론상 대사찰이 세워질 수 없다. 바람이 많은 넓은 평야지역인 중국 땅에서는 바람을 막기 위해 좌청룡·우백호가 솟은 이런 삼태기 형을 좋아하는데, 회암사 역시 이와 같은 중국 풍수이론에 의해 세워졌다고 보아야 할 것이다.

지공대사는 인도 사람으로 중국에서 생활하다보니 우리나라의 자연 조건을 잘 몰랐을 것이라고 생각된다. 우리나라는 산이 많아 전후좌우에서 산이 바람을 막아주는 곳에 절을 짓지, 이런 삼태기의 겸鉗형에 대사찰을 짓지 않는다. 따라서 이 절은 우리나라에 있는 다른 대사찰들의 위치와 많은 차이점이 있다.

이 회암사지 내 보광전 뒤편에 혈이 하나 있는데 이 혈에 맞추어 작은 암자를 지어 수도하는 정도가 이 형세에 맞다.

무학대사 - 조선왕조 최고의 풍수...

신라 말의 도선대사와 더불어 천하의 명풍수로 많은 설화와 전설을 이 땅에 남긴 무학대사에 관한 기록은 실제로 그리 많지 않다. 무학대사의 속세 이름은 박자초朴自超로 일명 묘엄존자妙嚴尊者라고 불리었다. 1327년에 삼기군(현 경상남도 합천군)에서 아버지 박인일朴仁一과 어머니 고성 채씨 사이에 태어났다. 어머니는 아침 해가 꿈속으로 날아드는 태몽을 꾸고 난 뒤 무학대사를 잉태했다고 한다.

그는 18세에 출가하여 소지선사의 제자로 중이 되고 20대에 중국 연경으로 유학을 갔다. 그곳에서 인도의 고승 지공대사와 나옹대사에게서 가르침을 받다가 1356년에 귀국한다. 자세한 것은 알려져 있지 않으나 이때 나옹대사뿐만 아니라 인도 출신의 지공대사도 함께 귀국하여 활동한 듯싶다.

1376년 지공대사가 회암사를 중창한 후 지공대사뿐만 아니라 나옹대사, 그리고 무학대사도 이곳에 주로 머문 것으로 기록되어 있다. 조선이 개국되자 무학대사는 태조 이성계의 왕사가 되어 활동한다(1392년). 그 후 금강산 금장암에 들어가 수도를 하다 어느 날 병환이 생겨 시자가 의원을 데려와 약을 쓰려 했다. 그러자 무학대사는, "나이 팔십에 병이 들었는데 약을 어디에 쓴다는 말이냐." 하면서 거절하고는 1405년(태종 5년)에 입적한다. 그 후 1407년(태종 7년), 이성계의 이복동생 이화李和가 무학대사의 유골을 회암사의 현재 위치에 있는 그의 부도탑에 안치했다.

조선은 국교가 불교가 아닌 유교였기 때문에 당연히 승려였던 무학대사는 사관史官들의 무시를 받아 『왕조실록』에 간결하게 언급되거나 부정적으로 묘사되고 있다. 무학대사와 한양 천도와 관련하여 야사에 전해지는 것 가운데 자주 이야기되는 것이 정도전과의 주산 논쟁이다. 차천로車天路의 「오산설림초고五山說林草稿」는 다음과 같이 기록하고 있다.

> 태조는 크게 기뻐하여 스승의 예로서 대접하고, 곧 도읍을 정할 땅에 대해 물었다. 무학은 점을 쳐 '인왕산을 진산으로 백악과 남산을 좌우청룡백호로 하십시오'라 했다. 정도전이 이것을 어렵게 여기어 예부터 제왕은, '모두 남면南面을 하여 다스렸지 동향이란 말은 듣지 못했습니다'라고 했다. 그러자 무학이 말하기를, '내 말을 따르지 않으면 200년이 지나서 내 말을 생각할 것입니다'라고 했다.

조선왕조 최고의 풍수로 알려진 무학대사가 누구를 통해 풍수 공부를 했는지는 밝혀지지 않고 있다.

나옹대사 부도
경기도 무형문화재 50호

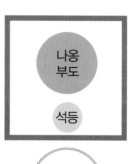

혈의 크기

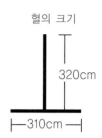

320cm

├─310cm─┤

지공대사 부도
경기도 무형문화재 49호

360cm

├─360cm─┤

무학대사 부도와 석등
부도 : 보물 388호
석등 : 보물 389호

600cm

├─480cm─┤

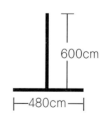

무학대사 비문
보물 387호

심상心相이 이루어지면 천문과 지리(풍수)는 자연히 알게 되는 것
• • •

도가道家나 불교의 고승들은 오랜 수행으로 도를 깨우쳐 심상心相이 이루어지는 경지에 도달하면 자연의 이치를 알게 되며, 천문과 지리(풍수)는 자동적으로 알게 되는 것이지 누구에게 배우는 것이 아니다. 다만 이를 잘 사용하지 않을 뿐이다.

무학대사가 스스로 정한 부도탑의 자리를 풍수학적으로 살펴보면 천보산에서 오는 내룡來龍은 지현자之玄字 모양의 변화를 보여주면서 힘차게 달려내려와 결합된 장소에 한치의 오차도 없이 정확하게 안치되었다.

그러나 이곳 회암사는 화재로 인해 절이 폐사되다시피 하여 무학대사 무덤의 부도조차 제대로 관리되지 않았다. 순조 임금 때 양주에 사는 이응준李膺峻이란 사람이 이곳이 천하명당이라는 것을 알고, 풍수 조대진趙大鎭과 공모하여 이 부도탑을 훼손하고 그 자리에 자기 부친의 유골을 안장하는 사건이 벌어졌다. 그 후 임금이 이를 알고 이응준과 조대진을 섬으로 유배시키고 무너진 비석과 부도를 다시 복구시키도록 지시했다.

현재 일부 풍수학자들은 이 부도탑의 자리가 진혈이 아니라고 말하며 무학대사의 풍수지리관을 비판적으로 보는 사람들도 있다.

이는 산의 모양을 중히 여기는 전통 풍수이론을 적용했거나 한양을 수도로 정함에 있어서 다른 신하들과는 달리 무학대사가 적극적으로 풍수지리 논리를 전개한 흔적이 거의 없고, 그저 산세에 대해 일반적인 의견 전개와 더불어 중론에 따르는 이야기를 했기 때문일 것이다. 이 부도탑은 무학대사가 생전에 태조 이성계의 도움을 받아 경기도민을 동원하여 만들었다는데 정혈은 한치의 오차도 없다.

　　짧은 산줄기에 있는 세 곳의 혈, 즉 천·지·인, 삼합三合에 정확히 맞춘 것으로 감탄할 정도의 풍수 실력이다. 순조 임금 때 이응준이 훼손시킨 후 복구할 때 나옹대사의 부도탑이 제 혈에 있지 않고 혈보다 뒤쪽에 안치되어 있는 게 흠이라면 흠이다. 이는 보수시 제 혈을 찾지 못하여 이렇게 된 것으로 생각된다.

권 그밖의 주요 사찰명당 사례

이상에서 소개한 명찰들은 필자가 다녔던 유명사찰에 한한 것이다. 소개되지 않은 명당사찰들이 훨씬 더 많음은 물론이다. 아마 삼국시대나 통일신라부터 내려오는 천년고찰들은 대부분 명당사찰일 것으로 짐작된다.

기회가 닿는 대로 유명사찰뿐 아니라 주요 문화재 건조물들도 확인하고자 한다. 아래에 소개하는 사찰들은 필자가 주마간산격으로 스쳐지나가면서 확인한 대혈들의 사례이다.

특히, 최근에 불탄 낙산사는 흥미 있는 사례이다.

▌ 불타버린 낙산사 원통보전

▌ 화염 속에서 온전히 보전된 낙산사 사천왕문

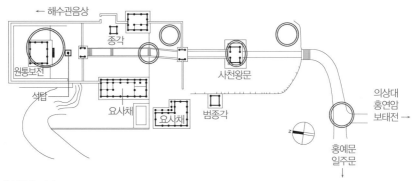

해수관음상 →
종각
원통보전
석탑
요사채   요사채   범종각
사천왕문
의상대
홍연암
보태전 →
홍예문
일주문

▌ 낙산사 명당도

일단 표기가 가능한 것만 표시했는데, 흥미 있는 점은 불타버린 원통보전은 직경 15미터 가량의 대혈
이지만 중심이 2미터 정도 빗나갔고 온전히 남아 있는 사천왕문은 혈자리에 정확히 자리잡고 있다는
사실이다

▌ 엄청난 기운을 가진 대혈, 백양사 대웅전

▌무위사 사천왕문은 대명당이다

▌선암사 앞의 조그만 연못 역시 대명당이다

일본사찰

우리 고대사찰풍수를 이어받은

일본의 유명사찰들은 고대 신라와 백제의 후예들이 창건한 것이 많다. 당시의 고대선승들이 일본에 건너가서 불법을 전파하려는 목적으로, 사찰가람의 배치를 한반도에서와 똑같이 정확하게 창건한 것으로 보인다. 이들 사찰 중 필자가 현지 답사를 통해 파악한 네 곳을 설명하고자 한다.

대명당사찰 사천왕사四天王寺 · · ·

오사카 시내에 있는 사천왕사(四天王寺, 시텐노지)는 우리 불교의 영향을 받아 세워진 일본 최초의 절로서 스이코推古 천황 1년인 593년에 설립되었다. 두세 번의 화재로 불타 현존하는 건물은 중건된 것이지만 소위 '시텐노지式'이라 불리는 가람배치伽藍配置는 모두 재건되고, 오중탑五

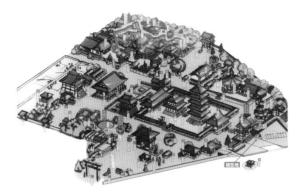

▌ 사천왕사 경내 안내도

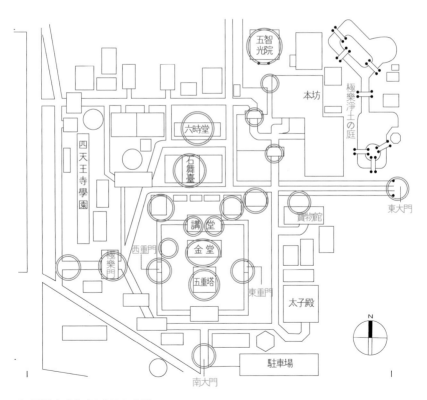

▌ 사천왕사 명당도(28개 중 21개 혈)

重塔·금당金堂·강당이 중심선상에 나란히 위치하고 있다. 오사카를 대표하는 대사원으로서 넓은 경내를 자랑한다.

이 절이 보유하고 있는 보물 중에는 국보급 미술품이 많아 오사카 문화의 발상지가 된 절이라 해도 과언이 아니다. 따

▌ 사천왕사 남대문에서 본 경내

라서 이 절에서 행해지는 음악과 춤도 오랜 역사를 가진 화려한 것이다. 성덕태자의 기일에 해당하는 4월 22일, 시텐노지의 경내에 있는 로쿠지도[六時堂]와 중요문화재로 지정된 전면의 돌무대[石舞臺]에서 쇼료에법회, 화려한 춤과 음악이 펼쳐진다.

필자가 이곳을 들러 두어 시간 돌면서 관측한 결과 이 사천왕사는 우리나라 통도사 정도의 대명당사찰임을 알 수 있었다. 출입금지로 인해 확인해보지 못한 곳을 제외하고는 모두 21개의 크고 작은 혈이 있음을 확인할 수 있었는데, 아마도 7개의 혈이 더 있어서 28혈이 있을 것으로 짐작된다.

대혈이 자리잡은 곳에는 예외없이 출입문, 탑, 법당이 안치되어 있으며, 그 경계가 한치의 오차 없이 자리잡고 있어서 옛 우리 선승들의 솜씨에 감탄을 금할 수 없었다.

법륭사(法隆寺, 호류우지) ● ● ●

법륭사는 일본이 자랑하는 세계문화유산의 명찰이다. 스이코 왕[推古王]
의 조카 성덕태자(쇼토쿠[聖德])가 601~607년에 세웠다고 하며 현존하는
일본 최고最古의 목조건물로서 오사카 인근 나라[奈良] 지방에 있다. 성
덕태자는 한반도 출신이란 설이 유력한데, 주지하다시피 그가 고대 일
본형성기에 끼친 영향력은 엄청나다.

　　법륭사는 스이코 양식인 금당·오중탑을 중심으로 하는 서원西
院과, 덴표[天平] 양식인 몽전夢殿을 중심으로 하는 동원東院 두 부분으로
나뉜다. 불상으로는 금당의 약사여래상·석가삼존불상·아미타삼존불

▎법륭사

┃ 법륭사 남대문에서 중문 보기
중문에서부터 남대문에 이르기까지 기맥선이 흐른다

┃ 법륭사 중문
아름다운 건축물이 대혈 위에 정확히 안치되어 있다

상 등이 있고, 벽화에는 금당 4벽의 4불정토도四佛淨土圖 등 수백 점의 고미술품이 소장되어 있다. 이들은 일본의 국보급 문화재들이다.

특히 금당 내부의 벽화는 610년(고구려 영양왕 21년) 고구려의 담징曇徵이 그린 것으로 중국의 원강석불[雲崗石佛], 경주의 석굴암 등과 함께 동양 3대 미술품의 하나로 꼽히며, 세계문화유산 목록에도 등록되어 있다.

필자가 법륭사에 들러 가람을 측정해보니 모두 9개의 대혈이 각 주요 건물과 정확히 일치하고 있음을 확인할 수 있었다. 그 대혈의 배치도 매우 인상적인 것으로 기맥선을 따라 좌우로 내려오면서 대칭형으로 근사하게 자리잡은 대명당이다.

▍법륭사 입구

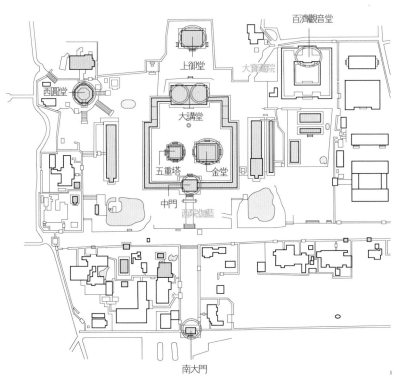

▍일본 법륭사 명당도

약사사(藥師寺, 야쿠시지) ● ● ●

역시 나라 지방에 있는 약사사는 삼국을 통일하고 발해와 함께 남북국 시대를 이루었던 후기신라시대의 문화가 일본에 전해진 것으로, 하쿠 호 문화[白鳳文化]의 정수로서 680년~710년경에 지어진 절이다.

나라 지방은 고대 한반도에서 건너간 도래인들로 성립된 최초의 왕조가 자리잡은 곳이다. 실제로 이 지역 주위를 둘러보면 멀리 보이는 산세와 평야의 경관이 우리나라 나주 지방과 유사한 데가 있다.

▍약사사 대강당
대강당 중앙부에 대혈이 물려 있다

▌약사사 탑
약사사에는 비례미가 뛰어난 동탑, 서탑이 있는데 두 탑 모두 대혈에 정확히 물려 있다

약사사에는 경주의 사천왕사와 같이 쌍목탑雙木塔이 있으며, 신라의 불교문화를 전승한 절로 평가받고 있다. 하쿠호 문화는 불상, 가람배치, 탑, 율령과 정치제도에서 신라의 불교와 유교를 모방했다.

약사사는 그동안 절집이 소실되는 과정을 많이 거친 듯, 9개의 대혈이 건물과 일치되지 않는 부분이 많다. 예술적 가치가 높이 평가되는 동탑과 서탑은 정확하게 대혈 속에 있고, 또 본당인 금당과 대강당은 대혈을 포함하고 있다. 그러나 나머지 5개 대혈은 사찰경내의 마당 등에 방치되고 있음을 확인할 수 있었다.

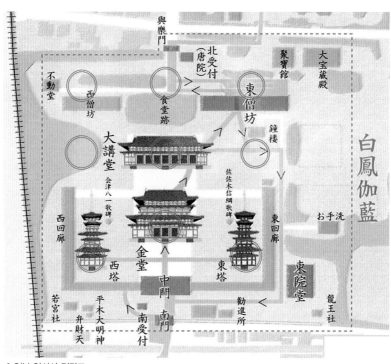

일본 약사사 명당도

동조궁(東照宮, 도쇼궁) ● ● ●

동조궁은 일본을 통일하고 에도막부[江戶幕府] 시대를 연 도쿠가와 이에

야스[德川家康]의 사당(신사)이다. 자신이 죽은 뒤 닛코[日光]에 묻어달라는

도쿠가와 이에야스의 유언에 따라 시즈오카[靜岡]에서 이곳으로 시신을

옮겨와 신사를 만들고 시신을 안치했다(1636년).

이때 묘를 써준 천해天海선사는 불가사의한 인물로 알려져 있다.

▌ 동조궁 탑

그 이전까지의 행적이 묘연한 인물로서, 원래 일본에 살지 않았다는 가설도 있다(우리 불교사에 '멸滅 1690년 8월 26일 해인사海印寺 백련암白蓮庵에서 환적당幻寂堂 천해선사天海禪師《풍계집 권하楓溪集 卷下》'란 기록이 있는 것으로 미루어 이 가설은 설득력이 있다).

원래는 크지 않은 신사였으나, 에도막부의 3대 장군이자 이에야스의 손자인 도쿠가와 이에미쓰[德川家光]가 조부를 기리기 위해 일본 전역에서 15,000명의 장인과 450만 명의 인력을 동원해 1643년에 다시 착공, 1년 5개월 만에 전면적으로 개수했다.

동조궁은 유네스코 세계문화유산으로도 지정되어 세계적인 가치를 인정받고 있다. 일본 천태종의 본산인 린노사[輪王寺]와 함께 닛코를 대표하는 유적으로, 전체적으로는 부채꼴을 이루고 있다. 일본의 전통적인 신사건축과 사찰건축이 혼합된 독특한 양식의 건축물로, 모모야마[桃山] 문화를 대변한다. 신사 입구에는 높이 9미터, 기둥둘레 3.6미터의 화강암 기둥이 있는데, 1618년 후쿠오카[福岡]에서 운반해온 것으로, 일본에서 가장 큰 석조 도리[鳥居]이다.

입구를 지나면 정문인 요메이문[陽明門]이 버티고 서 있다. 일곱

가지 채색으로 화려하
게 장식된 이 문은 정
교한 400여 개의 조각
과 문을 받치고 있는
12개의 둥근 기둥, 독
특한 건축 양식이 어우
러져 동조궁의 한 축을
이룬다. 정문을 지나면

┃ 도쿠가와 이에야스의 무덤

신큐사[神廐舍]가 있다. 말[馬]을 병으로부터 지켜준다는 신앙에서 원숭이 8마리를 조각해놓았는데, 특히 '보지도 말하지도 듣지도 않는다' 는 3마리 원숭이 조각상이 유명하다. 이 마구간을 지나면 제일 안쪽에 신사 건물이 있다. 규모는 크지 않지만 금박으로 장식해 화려하다.

필자가 이곳을 들러 묘소인 보탑寶塔부터 사당건물에 이르기까지 관측해본 결과 중요건물 및 장소들은 한치의 오차도 없이 정확하게 대혈과 일치하여 자리잡고 있음을 확인할 수 있었다.

도쿠가와 막부 300여 년 동안 평화가 지속된 것과 일본이 상업자본 형성으로 국력이 신장된 것, 그것은 아무래도 대명당터 동조궁의 기운과 밀접한 관련이 있다고 하지 않을 수 없다. 또한, 막부시대에 한반도를 침략하지 않고 평화가 유지된 것도 천해선사의 공덕과 무관하지 않을 것이라는 추측도 해본다. 막부가 무너지면서 평화도 무너진 것이다.

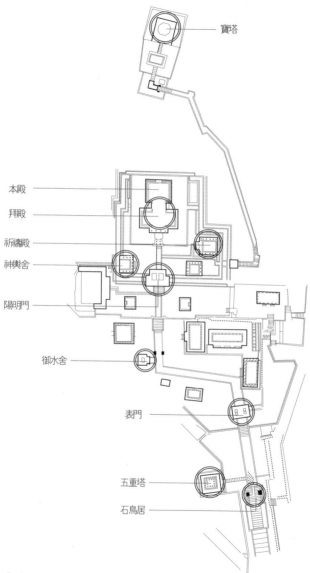

寶塔

本殿

拜殿

祈禱殿

神輿舍

陽明門

御水舍

表門

五重塔

石鳥居

| 일본 동조궁 명당도

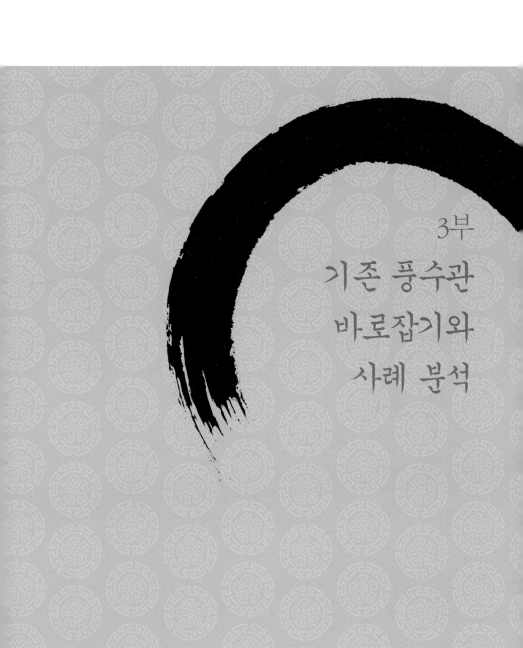

3부

기존 풍수관
바로잡기와
사례 분석

풍수지리 일반 지식과
풍수용어 바로 알기

오래전부터 풍수와 인간의 행복은 깊은 관계가 있다고 믿어왔다
• • •

풍수지리는 산세山勢와 지세地勢, 그리고 수세水勢를 판단하여 이것을 인간의 길흉화복에 연결시키는 설說이다. 이것을 간단하게 풍수설風水說, 지리설地理說이라고도 한다.

이 설은 도성都城·사찰寺刹·주거住居·분묘墳墓 등을 축조할 때 재앙을 물리치고 행복을 가져오는 지상地相을 판단하는 이론으로, 감여(堪輿 ; 감은 천도[天道], 여는 지도[地道]) 또는 지리地理라고도 한다. 또한 이것을 연구하는 사람은 풍수가 또는 풍수선생·감여가·지리가·음양가 등으로 부른다.

그들은 방위를 청룡(東)·백호(西)·주작(南)·현무(北) 네 가지로 나누고 모든 산천山川 당우堂宇는 이들 네 개의 동물을 상징하는 것으로 간

주했으며, 어느 것을 주로 하는가는 그 장소나 풍수가에 따라 달랐다.

그리고 땅속에서 흐르는 정기正氣가 물에 의해 방해받거나 바람에 의해 흩어지지 않는 장소를 산천의 형세에 따라 선택하여 주거를 짓거나 조상의 묘를 쓰면 자손은 그 정기를 받아 부富, 귀貴, 복福, 수壽를 누린다고 믿었다.

이와 같이 풍수의 자연현상과 그 변화가 인간생활의 행복과 깊은 관련이 있다는 생각은 이미 중국의 전국시대 말기에 시작되었다. 그 것이 음양오행 사상이나 참위설讖緯說과 혼합되면서 전한 말부터 후한에 걸쳐 인간의 운명이나 화복에 관한 각종 예언서를 만들어냈고 그것은 다시 도교道敎가 성립함에 따라 더욱 체계화되었다.

우리나라 문헌 중에서 풍수에 관한 최초의 기록은 『삼국유사三國遺事』 탈해왕에 관한 대목에 등장한다. 탈해왕이 등극하기 전 호공瓠公으로 있을 때 산에 올라 현월형弦月形 택지宅地를 발견하고 속임수를 써서 그 택지를 빼앗은 후, 그 택지의 기운을 받아 왕이 되었다는 내용이다.

또한 백제가 반월형半月形의 부여를 도성都城으로 삼은 것이나, 고구려가 평양을 도읍지로 삼은 것도 모두 풍수사상에 의한 것이다. 이 때만 해도 자생적인 풍수사상이 보편적이었다.

중국으로부터 풍수사상이 본격적으로 도입된 것은...

풍수사상이 중국으로부터 본격적으로 도입된 것은 신라 말기부터였고 고려시대에 전성기를 이루어 조정과 민간에 널리 보급되었다. 특히 신라 말기에는 도선道詵과 같은 풍수대가風水大家가 나왔는데, 그는 중국에서 발달한 참위설을 골자로 하여 지리쇠왕설地理衰旺說, 산천순역설山川順逆說 및 비보설裨補說 등을 주장했다.

그는 '지리地理는 곳에 따라 쇠왕衰旺과 순역順逆이 있으므로 왕지旺地와 순지順地를 택하여 거주할 것과 쇠지衰地와 역지逆地는 이것을 비보(裨補 ; 도와서 더하다)할 것'이라고 말했다. 이것이 일종의 비기도참설秘記圖讖說이다.

그 후 고려 때 성행한 『도선비기道詵秘記』 등은 그 전체를 도선이 지은 것인지는 분명치 않으나 그의 사상에서 영향을 받은 것으로 보인다. 이같이 비기라 일컬어지는 예언서가 그의 사후에 유전流傳되어 민심을 현혹시킨 일은 일일이 헤아릴 수 없을 만큼 그 사례가 많다.

고려 태조도 도선의 설說을 믿은 것이 분명하다. 그는 자손들에게 내린 '훈요십조訓要十條'에서 절을 세울 때는 반드시 산의 순역을 점쳐서 지덕知德을 손박損薄하지 말 것을 경계시켰다.

개경과 한양 . . .

개경(개성)도 풍수상 명당이라 하여 『삼국사기』「궁예전」, 『고려사』「궁예 태조세가太祖世家」, 최자崔滋의 『삼도부三都賦』, 이중환李重煥의 『팔역지八域地』 등에서 그 풍수를 찬양했다. 즉 개경은 장풍득수藏風得水의 형국으로 내기內氣가 세지 않은 명당이라는 것이다.

그러나 산이 첩첩으로 둘러싸여 있어 국면局面이 넓지 못하고, 또 물이 전부 중앙으로 모여들어 수덕水德이 순조롭지 못해 이를 비보하기 위해 많은 사탑을 세웠다.

조선 태조 이성계가 한양으로 도읍을 정한 것도 그 태반의 이유가 풍수지리설에 의한 것이다. 즉 개경은 이미 지기地氣가 다해 왕업王業이 길지 못할 것이라는 풍수가들의 의견에 따라, 구세력의 본거지인 개경을 버리고 신왕조新王朝의 면목을 일신하기 위해 천도를 단행했다.

그 밖에도 『정감록鄭鑑錄』을 믿고 계룡산이 서울이 된다는 등 풍수지리설이 국가와 민족에 끼친 영향은 실로 크다.

길흉화복을 우선하다보니 폐단이 크다...

오늘날에도 민간에서는 '풍수설을 좇아 좌청룡·우백호 운운하며 묘를 잘 써야 자손이 복을 받는다고 믿는 사람이 많다'라고 일반적인 사전에 기록되어 있다.

지리地理란 산수山水의 지형地形·지세地勢 및 동정動靜을 의미한다. 현대 지리학은 땅과 사람과의 관계를 직접적으로 관찰한다. 현대지리학에서 땅은 광물·무생물로 취급하며, 인간이 거주하는 지역이자 인간의 생활을 돕는 재화財貨의 생산 장소로서 인간의 이용에 맡기는 피동적 위치에 있다. 땅은 또한 노동, 자본과 함께 생산의 3대 요소라는 주관적 관점으로 보고 있다.

그러나 풍수지리에서 땅은 살아 있고 능동적이며 만물을 키워내는 생명력을 가지고 있다. 그리고 그 활력의 후박厚薄 정도에 따라 인간에게 길흉화복을 부여하는 것으로 보았다. 또한 땅에 존재하는 생기生氣가 인체에 지대한 영향을 미치는 것으로 인식했다.

지금까지 우리나라의 풍수지리는 효孝를 앞세우면서 실제로는 길흉화복을 우선하다보니 주역과 오행이 덧붙여졌고, 패철(지남철)이 필요한 사술邪術이나 잡술雜術로 변화했다. 앞으로는 땅을 살아 있는 생명체로 보고 이 거대한 생명체의 남은 힘을 인간이 자연의 이치에 맞게 이용하여 평화롭고 안정된 삶을 추구함에 목적을 두고 길흉화복은 하늘에 맡기는 풍수지리가 되어야 할 것이다.

풍수風水라는 말은 중국에서 전승된 말이다. 명나라 때, 서선계徐善繼·서선술徐善述 형제가 지은 『인자수지人子須知』라는 책에, "풍수라는 말은 진나라 때 곽박郭璞이 지은 『장경葬經』에 '풍수지법風水之法은 득수위상得水爲上이요 장풍차지藏風次之'라고 한 말에서 장풍득수藏風得水가 유래되었다"고 기술하고 있다.

그러나 곽박이 『장경(錦囊經 ; 금낭경)』을 지을 때 원전으로 삼았다는 『청오경靑烏經』에 풍수자성風水自成이라는 말이 있는 것으로 보아, 『청오경』이 만들어진 한나라 때 이미 풍수라는 말이 통용되었다고 봐야 한다.

장풍득수라는 말에 집착하지 않는 게 좋다 . . .

장풍득수라는 말은 '기가 바람을 만나면 흩어지기 때문에 바람을 감추게 하고 물을 만나면 멈추기 때문에 물을 얻어야 한다'는 뜻으로 쓰였다. 따라서 명당은 장풍이 잘되고 앞에 물이 있는 것을 원칙으로 한다는 것이다.

그러나 실제 기맥선氣脈線은 바람을 피해 낮은 곳으로 흐르며 물을 만나도 멈추지 않고 통과한다.

풍수지리를 공부하는 사람들뿐만 아니라 일반인들도 이 장풍득수를 풍수의 원칙으로 알고 있다. 풍수이론서가 우리나라에 전래된 이래 현재까지 이 네 글자를 가지고 명당을 구하려고 엄청난 노력을 했으나 헛고생만 하고 옳은 명당 하나 구하지 못했다.

옛날 이름 있는 집안의 묘 앞에 인공적으로 연못을 만든 이유는 이 때문이다. 그러나 혈은 눈에 보이는 물[陽水]과 상관없이 맺혀 있으며 맥脈은 눈에 보이는 물과 상관없이 흐른다. 앞으로 풍수지리를 공부하는 이들은 장풍득수라는 말에 집착하지 않기를 바란다.

풍수용어 바로 알기 . . .

- 승금 · 상수 · 혈토 · 인목

승금乘金 · 상수相水 · 혈토穴土 · 인목印木은 『장경』 형세편에 나오는 말이다. 이 네 단어를 아는 것은 풍수지리 공부의 마지막 단계로서 이를 완전히 알면 풍수지리 공부를 다했다고 볼 수 있다. 이 단어들은 『장경』 전체에서 전하는 중요한 말인데, 시중에 유통되는 번역서는 엉뚱하게 해석해놓아서 제대로 뜻을 아는 사람이 없다.

- **승금**乘金 : 땅밑에서는 기맥氣脈과 수(지하수)의 상호작용으로 혈이 맺혀지는데, 이때 땅위에서는 그 혈의 작용에 따라 음양이 조화를 이루고 주변 산세로 인해 평평하고 둥근 모양을 형성한다. 이때 땅위에 나타나는 현상을 승금이라 한다.

  전통 풍수에서는 혈을 찾을 때 입수 밑에 선익蟬翼을 찾고 그 밑이 평평하고 넓으며 둥근 곳을 찾는데, 이를 원운圓暈이라고 한다. 선익과 원운을 합친 것을 승금이라 표시했다고 보면 된다.

- **상수**相水 : 원운의 땅밑에는 혈이 형성되어 있고 지하수가 혈 주위를 8방향으로 상하에서 돌고 있는데 상수는 바로 이 지하수를 말한다. 계맥수界脈水라고도 한다. 위에서 팔자八字로 나뉘어졌다가 소명당에 와서 합해진다고 표현한 풍수지리책도 있으나, 이는 십승지十乘地와 같은 대혈일 경우에는 맞으나 작은 혈에는 맞지 않는다. 지하수가 원을 그리며 상하에서 8방위로

각각 돌고 있는데 이 지하수를 상수相水로 표시한 것이 진혈이다. 이 상수는 눈에 보이는 물[陽水]이 아니고 땅밑에 있는 지하수[陰水]이다.

- **혈토**穴土 : 기와 지하수의 상호 작용으로 형성된 혈은 과거 몇만 년 동안 기가 축적된 곳이다. 이 혈을 파보면 기의 작용으로 바위가 삭아 비석비토非石非土나 오색토五色土가 나온다. 산의 토질이나 주위의 흙에 따라 각각 다른 색의 흙이 나올 수도 있고, 오색토가 아닌 습기 적은 흙이 나오는 경우도 있는데 이 또한 무관하다. 이것은 일반인이 보아도 금방 알 수 있으나 흙의 색깔에 집착하지 말아야 한다. 혈은 표피층·본층·혈, 3절로 구분되는 땅속에 있다.

- **인목**印木 : 선익우각蟬翼牛角이라고도 하는데 혈 앞의 전순氈脣을 말하며 큰 혈에는 있으나 작은 혈에는 없다.

승금·상수·혈토·인목은 별도의 장소에 있는 것이 아니라 혈 주위에 다같이 있다.

– 삼정 정혈법三停定穴法

이것은 당나라 때 『설심부雪心賦』를 지은 복응천卜應天이 말한 것으로 삼정三停이란 혈에는 천天·지地·인人 세 가지가 있으며, 이를 사용할 때는 주위 청룡·백호·현무·주작의 사산四山과 수水를 파악하고 청룡·백호의 높이와 비교해서 선택해야 한다고 했다.

한 개의 산에서는 기맥선이 하나로 내려오거나 올라갈 때는 천天·지地·인人 3개의 혈이 형성되지만, 기맥선이 3개가 되었을 경우에는 천·지·인 각 3개씩 9개의 혈이 형성된다. 혈은 주위의 산·바람·물[外氣] 등에 의해 형성된 것이므로 이 혈자리 어느 곳에 묘를 써도 무방하다.

즉, 혈이 형성된 것 자체가 주위의 어떤 살殺이나 흉凶을 피했다는 뜻이니, 그 혈을 어떻게 찾는가 하는 것이 문제이지 살이나 흉이 있어 3개 중 하나를 택일한다는 것은 자연의 이치에 맞지 않다. 자연의 이치는 사람의 눈으로 보고 기준을 정하면 안 된다. 살이나 흉이 있거나 청룡·백호의 높낮이가 맞지 않으면 혈 자체가 맺히지 않는다.

– 삼세 정혈법三勢定穴法

문헌상에서 중국의 유명한 풍수이론가 료廖씨가 말한 것으로, 산에는 삼세三勢가 있으니, 그것은 입세立勢·좌세坐勢·면세眠勢를 말한다.

입세는 산 위에 혈이 맺힌 것으로 천혈天穴이라 하고, 좌세는 산 중앙에 혈이 맺힌 것으로 인혈人穴이라 하며, 면세는 산밑 평지에 혈이

맺힌 것으로 지혈地穴이라 하여 산의 높이에 따라 형성된 혈 중 하나를
선택하라 했다. 그러므로 앞의 삼세 정혈법과 같이 이 세 가지 모두 사
용해도 된다.

– 양래음수陽來陰受, 음래양수陰來陽受

우주 만물을 음陰과 양陽으로 구분하듯이 산도 양과 음으로 구분해야
하며, 앞[前面]과 뒤[背面]로 구분해야 한다. 혈은 산의 앞에 형성되며 뒤
에는 형성되지 않는다.

　　당나라 양균송은 혈을 와窩·겸鉗·유乳·돌突 네 가지 형상으로
구분하고 와·겸은 음혈陰穴, 유·돌은 양혈陽穴로 구분했다.

　　산줄기 하나에서도 양룡陽龍과 음룡陰龍이 있다. 즉 산줄기가 양
룡으로 내려오다가 음룡으로 변하고 음룡으로 내려오다가 양룡으로 변
하기도 한다. 양陽 중에 음陰이 있고 음陰 중에 양陽이 있다는 결론이다.

　　양래음수는 양룡으로 내려오는 산에는 음혈인 와·겸에 묘를 쓰
고, 음래양수는 음룡으로 내려오는 산에는 양혈인 유·돌에 묘를 쓰라
는 말이다. 이 분류를 잘못하면 외형상으로는 혈 자리인 것처럼 보이지
만 물구덩이거나 망지이므로 잘 구분해야 한다. 앞에서 명당의 수를 설
명하면서 진혈 하나에는 가혈 360개가 있어 혼돈을 일으킬 수 있다고
한 바 있다.

– 한치의 오차가 생겨도 혈은 망가진다

앞에서 상수와 혈토를 설명하면서 혈 주위에는 가는 지하수가 원을 형성하여 상하에서 8방향으로 돌고 있다고 했다. 산에서 기맥선은 지표면에서 세 자~열 자로 흐르는데 천광穿壙을 할 때 잘못하여 이 지하수를 깨버리거나 기맥선 밑까지 땅을 팔 경우 그 혈은 망가진다는 이야기다.

'십승지十乘地'처럼 큰 대혈도 있지만 겨우 사람 키 정도에 지나지 않는 작은 것도 있는데, 이 경우는 천광할 때 특히 주의해야 한다. 『장경』에서는 이를 호리지차毫釐之差로 표현했다.

– 맥은 어디에서 오는가

우리나라의 풍수책이나 풍수이론을 아는 사람은 중국의 곤륜산崑崙山에서 맥이 시작하여 만주벌판을 지나 백두산에서 힘을 받아 백두대간을 타고 지리산까지 흐르면서 가지를 뻗어 각 산으로 흐르는 것으로 알고 있다.

그런데 이것이 우리나라 풍수이론을 망쳐놓았다. 사전상으로 곤륜산은 '중국의 전설에서 멀리 서쪽에 있는 황하黃河의 발원지로서 산중에 불사不死의 물이 흐르고, 선녀인 서왕모西王母가 살고 있다는 성산聖山으로 중국의 쿤룬산맥과 상관이 없는 산이다'(『두산세계대백과사전』)라고 쓰여 있다.

우리나라 풍수지리 연구가와 학자들은 있지도 않은 이 전설의 산에서 맥이 흘러내려온다는 정설定設아닌 정설을 가지고 풍수지리의 맥을 논하고 있으니 과학의 시대를 사는 현시점에서 시대착오적이라 아니할 수 없다. 부디 풍수지리의 잘못된 점을 하루라도 빨리 깨우쳐 필요 없는 주장으로 국민을 오도誤導하지 말고 새롭게 출발해주기를 부탁한다.

맥은 곤륜산에서 출발하여 백두산과 백두대간을 지나 지리산으로 흐르면서 가지를 뻗은 뒤 그 가지가 물을 만나 멈추어 혈을 맺는 것이 아니다. 우리 주위에 있는 산을 중심으로 주위에 있는 기들이 뭉쳐 하나의 선을 형성하여 원을 그으면서 각각의 산을 돌면서 오르기도 하고 내려오기도 한다.

맥, 즉 기맥선은 큰 것도 있고 작은 것도 있다. 이게 자연의 이치인데 지금껏 이 이치를 발표한 사람이 없다. 알고 있던 사람도 이를 천기누설로 여기고 혼자만 알고 있다가 조용히 죽었다.

일본이 한국을 지배하면서 제일 먼저 시작한 것은 전국에서 유명하다는 풍수가 13명을 모아 13인회를 조직하고 전국의 유명한 산의 맥을 끊었다는 이야기가 사실로 밝혀지고 있다. 하지만 실제로 산의 기맥선은 끊어지지 않는다. 기맥선은 물과 산, 바위를 통과하면서 원으로 돌고 있을 뿐이다.

13인회에 모인 전국의 유명 풍수가들은 자연을 보는 눈은 갖추지 못하고 단지 잘못된 풍수이론책만 보았던 것 같다. 전국의 유명한 산의 맥을 끊어서 산의 정기精氣가 말살되었다는 주장이 그 사실을 증명해준다. 우리 국민들의 심리작용에서 어떤 이득을 얻기 위해서였는지, 아

202

니면 일본인들 역시 풍수지리에 무식하여 그렇게 했는지는 모르겠다.

산을 중심으로 자연을 흐르는 맥은 오늘도 하등의 변화 없이 각 산마다 원으로 반복해서 돌고 있을 뿐이다. 만리장성을 쌓아 산맥을 차단했기 때문에 진나라가 망하고 지맥을 끊었기 때문에 수나라가 망했다는 말이 있다. 그러나 상식적으로 보면, 거대한 토목공사인 만리장성을 쌓느라 진나라의 국가 재정이 파탄에 이르고 만리장성 축성공사에 강제 동원된 국민들의 민심이 진나라를 이탈해서 망한 것이다. 그리고 수나라 역시 우리 고구려와의 전쟁에 패하여 국가 재정이 파탄에 이르고 전쟁으로 많은 전사자가 발생하여 국민들의 민심이 수나라를 이탈한 것 때문에 망한 것이다.

진나라와 수나라가 망한 이유가 산맥과 지맥의 차단 때문이라고 생각하는 것은 맥을 모르는 말이다. 산맥이나 지맥은 끊어지지 않는다. 이는 풍수이론이 잘못된 도참설圖讖說에 이용된 것이니 앞으로 풍수이론을 안다는 사람은 절대로 단맥斷脈 운운해서는 안 되겠다.

– 불가장지오산不可葬地五山은 맞는 말인가?

풍수지리책에 보면 동산童山·단산斷山·석산石山·과산過山·독산獨山 다섯 산에는 혈이 없기 때문에 이곳에 묘를 쓰면 안 된다고 쓰여 있다.

그러나 석산과 독산·단산에는 혈이 있다. 석산의 경우 혈이 맺혀 있을 경우에는 반드시 비석비토非石非土가 나오며, 독산의 경우에 그 독산을 중심으로 기맥선이 형성되기 때문에 먼 곳에 사신사四神砂가 있을 경우에는 혈이 맺히고 그 크기가 크다. 단산에도 역시 혈이 있다.

그러므로 불가장지이산不可葬地二山이 맞는 말이다. 동산은 땅밑에 혈이 맺힐 수 있는 지하수가 없으므로 혈이 없고, 과산은 삼각형 모양이 아니거나 산의 경사도가 급하여 혈이 없다.

- 풍수이론은 주역이나 오행에서 시작되었다?

풍수지리이론은 학문으로는 전부 해결되지 않는 것인데 이를 학문으로 해결하려다보니 주역과 오행이 병행되었고, 주역과 오행을 병행하다보니 풍수지리가 더욱 어려워졌다.

우주 만물이 음陰·양陽으로 나뉘듯이 풍수도 학문으로는 음양 2진법으로 풀어서 안 풀리는 것이 없다. 옛 문헌에 음양陰陽은 기氣요, 오행五行은 질質이라 했는데 문제는 오행으로 풀어야 할 질 대신 기를 오행에 맞추어 설명하려다보니 풍수가 어려워진 것이다.

풍수이론은 기를 기 자체로 보고 자연을 자연 그대로 마음으로 보면 되는데, 자연의 혈을 마음이 아닌 눈으로 보니 찾지 못하는 것이다. 그리고 찾지 못하다보니 주역과 오행을 풍수이론에 갖다붙여 맞추게 되고, 그러다보니 풍수이론이 더욱 틀려진 것이다.

또 패철은 기맥선 위에 정확히 맞춰야 하는데 기맥선을 못 찾고 패철을 사용하다보니 더욱 잘못되었다. 먼저 기맥선을 알고 패철을 사용해야 하는데 현재까지는 패철을 사용하여 기맥선을 찾는다. 이렇듯 앞뒤 순서가 틀리다보니 평생 명당 하나 찾지 못하는 결과를 가져온다.

그리고 그 결과 돌이킬 수 없는 실수를 하게 되는 것이다. 패철은 기맥 선을 찾는 도구가 아니다.

산은 음과 양으로 구분하고, 배면背面으로 구분하면 충분하다. 그런데 오성론五星論·구성론九星論·조산祖山·종산宗山·부모산父母山·주산主山·간룡幹龍·지룡支龍·안산案山·조산朝山 등의 간룡법幹龍法이 풍수책의 절반을 차지하고 있다. 그리고 기氣는 상하로, 지하수地下水는 좌우로, 물체는 전후와 안팎 8방향만 알면 될 것을 24방위법 양균송의 88향법과 주역의 8괘론 등 복잡한 이론이 전개된다. 사실 기맥선의 방향에 맞추면 모든 것은 해결된다. 자연이 방향을 가르쳐주기 때문이다.

물은 양수(지표수)와 음수(지하수)로 구분하고 양수는 다시 양수와 음수로 구분하면 된다. 그런데 황천수黃泉水가 어떻고 수구水口가 어떻고 파구破口가 어떻고 해가며 눈에 보이는 형상形象으로 해결하려고 하니 전부 틀리게 되는 것이다. 풍수지리는 어려운 학문이 아니다. 그저 자연을 있는 그대로 보는 마음 자세가 필요하다.

─ 천심십도혈天心十道穴

천심십도란 혈을 중심으로 전후좌우에 있는 산들이 십자十字 모양으로 된 것을 말한다. 이때 혈 뒤에 있는 산을 개산蓋山, 앞에 있는 산을 조산照山, 양옆을 좌우 협산夾山이라 하며, 네 개의 산이 정확하게 서로 십자를 이루어 응해야 그 가운데 길혈吉穴이 생기므로 이를 사응四應이라 한다. 이 사응하는 산의 중심과 중심이 연결되어야 천심십도가 되며 조금이라도 치우치거나 빗나가면 안 된다.

또한 십도를 이루는 사응만 정확하면 다른 산들의 있고 없음은 문제되지 않는다고 풍수이론책에 쓰여 있는데, 사실 이런 혈은 절대 형성되지 않는다. 혈은 8방위에서 외기가 모여야 하고, 외기의 힘과 내기의 흐름에 따라 위치가 결정되는 것이다. 4방위만으로 혈의 위치가 결정될 수 없으며, 또한 4방위의 정중앙에 혈이 결성된다는 것은 자연을 모르는 말이다. 이는 중국책을 모방한 것에 불과하다.

– 삼구부동총 三九不動塚

이는 음력 3월이나 9월에는 묘를 이장하거나 손보지 말라는 뜻으로, 두 가지 설이 있다. 하나는 농사일로 가장 바쁜 농번기에 묘를 이장하거나 손보지 말라는 설이다. 또 하나는 동절기에서 하절기로(3월), 하절기에서 동절기로(9월) 기후의 변동이 있을 때 묘를 이장하거나 손보지 말라는 설이다.

필자의 견해로는 농번기에 하지 말라는 설이 맞다. 또한 장마 후 7~8월은 땅에 물이 많기 때문에 그때는 피하는 것이 마땅하다.

유통되는 풍수이론책은
'멸만경滅蠻經'이다

'멸만경滅蠻經'이라는 말은, 당나라 현종이 풍수지리설을 믿어온 '이웃 오랑캐'들을 풍수이론에 의거해 멸망시키려고 당시 풍수지리의 대가인 일행선사를 시켜 자연의 이치에 맞지 않는 풍수책을 지어 유포하게 한 데서 비롯되었다고 한다.

그러나 당시 일행선사가 지은 책이 유포되었는지는 알 수 없으며, 또한 중국의 『청오경』, 『장경』, 『설심부』의 원전이 어떻게 표기되었는지 보지 않아서 알 수가 없다. 하지만 현재 시중에 유통되는 이 책들을 보면 상형문자인 한자의 특성을 살려 특이한 은유법과 비유법을 사용한 것을 알 수 있다. 그런데 자연의 이치를 제대로 모르는 풍수가가 한문을 글자 그대로 번역하다보니 그 본래의 뜻과 달라져버렸다. 또한 풍수의 핵심인 혈의 구성 원리, 모양, 맥의 구성과 흐름을 몰랐기 때문에 그 내용은 빠져 있다.

『장경』은 풍수이론을 공부하는 사람에게는 필독서이다. 그런데 기존 번역본이 지나치게 한자 위주여서 자연의 이치와 맞지 않는 부분이 너무 많다. 따라서 이 책에서 장경의 내용을 소개할 때는 뜻을 바로 잡아 인용할 것이다.

　　『청오경』에서는 「기승풍즉산 맥우수즉지氣乘風則散 脈遇水則止」
　　'기는 바람을 타면 흩어지고 맥은 물을 만나면 그친다' 라고 했고,
　　『장경』에서는 「득수위상 장풍차지得水爲上 藏風次之」
　　'물을 얻는 것이 상이요 바람을 감추는 것이 다음이다' 라고 했으며,
　　『설심부』에서는 「이지계맥즉맥자지以之界脈則脈自止」요,
　　「이지장풍즉풍불취以之藏風則風不吹」라.
　　'물이 맥을 경계한즉 맥이 스스로 그치고
　　산이 바람을 막은즉 바람이 불지 않았다' 고 했다.

기맥은 순환한다 . . .

이상과 같이 예부터 '맥은 물을 만나면 멈추고 바람을 만나면 흩어지는 것' 을 풍수의 핵심으로 삼았는데 이것은 잘못된 말이다. 맥선은 물을 만나도 멈추지 않고 물을 통과하며 강이나 바다, 바위도 통과하며, 오직 원을 그리면서 반복 운동을 한다. 또한 맥은 바람을 싫어하여 바람이 없는 계곡 낮은 쪽으로 움직인다.

기맥은 주위의 산과 물, 청룡·백호 등의 사신사四神砂에 의해 형성된다. 즉, 눈에 보이는 주위 형상에 의해 1만~5만 년 전에 형성되어 원을 그리면서 그 산을 중심으로 계속 돌고 있다.

몸속에 흐르는 경락 역시 30분을 주기로 우리 몸을 계속 돌고 있다. 물이 흐르지 않으면 썩듯이, 경락이 제대로 돌지 않으면 병이 생긴다. 맥이 돌지 않고 한군데 정지되어 있으면 우리 몸이 어떻게 되겠는가?

우리의 모든 정통 풍수이론서에서 맥은 중국의 곤륜산에서 시작하여 백두산을 거쳐 백두대간을 타고 지리산까지 흘러간다고 되어 있다. 이 말이 맞다면, 곤륜산에서 나오는 기는 어디에서 오는가? 상식적으로 생각해봐도 다른 곳에서 맥이 오든지 아니면 곤륜산에서 자체적으로 생산해야 한다. 그래야 다른 곳으로 보낼 것 아닌가?

이는 옛날 중국의 천동설天動說과 천원지방天圓地方 사상에서 나온 것으로, 현재 이 설을 믿는 사람은 아무도 없으며 지동설地動說과 지구는 둥글다는 것을 모르는 사람은 없다. 최첨단 과학의 시대를 살고 있는 이때, 옛날의 형이상학적 풍수사상이 여전히 변하지 않고 있는 것은 매우 안타까운 일이다.

자연의 이치는 천天·지地·인人이 다같이 함께 움직이는 것이다. 태양을 중심으로 지구가 원으로 돌고 있고 사람의 경락도 30분 주기로 각자의 몸을 돌고 있는데, 유독 맥은 곤륜산에서 백두산으로 흐른다고 주장하고 있는 것이다. 맥은 백두산에서 시작하여 산맥과 산맥을 타고 흐르는 것이 아니라, 개별 산을 중심으로 보통 1개에서 3개의 맥이 원으로 반복 운동을 하고 있으며 맥 하나에 각각 3개의 명당을 맺고 있다.

개별 산을 중심으로 기맥의 원이 돌고 있다 •••

앞산을 중심으로 맥의 원이 있고 뒷산을 중심으로 맥의 원이 돌고 있으며, 그 밖에 우리 주변에는 셀 수 없을 정도로 많은 맥선이 원을 그리면서 돌고 있다.

기존의 전통 풍수이론은 백두산에서 흘러 백두대간을 타고 지리산으로 가는 맥을 하나로 보고, 이 맥에서 가지를 쳐서 잘생긴 산에 혈을 맺는 것으로 보았기 때문에 명당은 드물다고 생각했다. 또한 옛날 신라·고려·조선의 왕이나 귀족들이 명당을 다 차지하여 지금은 명당이 없다는 논리를 전개하고 있는 실정이다.

그러나 실제로 옛날부터 명당이라고 소문난 곳을 답사해보면 대부분 잘못된 곳이 많고, 현재 명당은 많이 남아 있다. 이는 묘를 잡은 풍수가들이 공부를 덜해서가 아니라 중국의 풍수책들이 잘못되었기 때문이라고 본다.

그리고 맥의 흐름 자체를 볼 능력이 없기 때문에 명당은 드물다고 여겼는데 사실 명당은 우리 주변에 엄청나게 많이 형성되어 있다. 단지 찾을 줄 아는 사람이 없을 뿐이다.

필자가 풍수가를 찾아다니면서 우리나라 묘의 99.9퍼센트가 잘못되었다고 하면 그 말에는 모두 동의하지만, 다들 '자신은 명당에 묘를 쓰지 망지〔亡地〕에 쓴 일이 없다'고 말한다. 앞뒤가 맞지 않는 말이다.

우리의 자연과 정확한 풍수이론에 비추어볼 때, 유통되는 풍수지식의 약 절반 가량이 틀렸다. 이처럼 잘못된 풍수서적으로 배운 지식과 이론을 음택이나 양택에 적용하려고 하니 틀리는 것은 당연한 이치다.

혈은 어떻게 형성되는가 . . .

그렇다면 혈은 어떻게 형성되는가?

혈이란, 땅속으로 흐르는 맥이 지하수〔陰水〕를 만나면서 지하수의 수맥파와 기맥선〔氣脈線〕의 기의 충격으로 형성된다. 혈은 맥의 정거장이며 땅이 숨쉬는 숨구멍이며 공기중의 기를 조절하는 곳이다. 이 말은 본서에서 역사상 처음 언급하는 것이다.

기존 풍수에서 득수〔得水〕는 땅위에 있는 물(양수, 지표수)을 얻는 것을 말한다. 그러나 이것은 잘못된 견해이며 득수의 진짜 의미는 땅밑에 있는 가느다란 지하수〔陰水〕를 말한다.

이것이 풍수이론의 핵심인 맥의 흐름과 혈의 구성 원리이며 자연의 이치이다. 그런데 시중에 유통되는 풍수이론책에는 기와 지하수의 상호작용에 대해서는 언급 자체를 하지 않았다. 맥의 흐름을 설명할 때 옛날 천동설을 믿는 그 시대의 학설을 그대로 황당하게 표현하면서 물과 바람의 상호관계로 풍수를 풀었는데, 그것이 잘못되었다는 것이다.

풍수는 물과 바람의 상호관계가 아니라 지하수와 맥의 상호관계를 연구하는 것이며, 생기가 모이는 곳이 아니라 생기가 모여 있는 곳이다. 또한 기가 물을 만나 혈을 맺고 정지하는 것이 아니라 다시 흘러 다른 곳에 혈을 맺으면서 계속 원으로 돌고 있다.

풍수이론책에서 득수得水는 눈에 보이는 물[陽水]을 찾고 있는데 실제로 득수는 땅밑에 있는 지하수를 말하는 것이며, 혈은 눈에 보이는 형상의 외기外氣에 의해 형성되는 것이 아니라 눈에 보이지 않는 땅속의 내기內氣에 의해 형성되는 것이다. 따라서 내기가 주主가 되고 외기는 그에 따르는 종從이 된다. 중국 풍수이론책에는 주된 내기의 흐름이 잘못 표기되어 있으며 구체적인 설명도 없다.

따라서 현재의 반쪽 풍수이론을 적용하면 제대로 혈을 찾을 수가 없다. 또한 맥이 흐르면서 지하수를 만나야 혈이 형성되므로 산보다는 산 밑의 밭이나 논에 혈이 더 많고 그 크기도 훨씬 크다.

풍수를 학문으로 풀기 어려운 이유 . . .

옛날 안목 있는 농부들은 오랜 경험을 통해 명당을 알아보고 유언으로 그곳에 자신의 묘를 쓰게 했다는데 이것이 흔히 말하는 '물명당' 이다.

전통 풍수이론에서는 기는 물을 통과하지 못하기 때문에 물이 많은 곳에는 명당이 없다는 논리를 전개한다. 그러나 산 밑의 밭이나 평지에는 지하수가 많기 때문에 혈이 더 많다.

풍수책에 보면 맥은 용龍과 같이 내려오는 것으로 되어 있는데, 실제로 맥은 바람을 싫어하므로 바람이 없는 쪽으로 내려오거나 오르며 용과 같이 움직이는 경우는 10퍼센트도 안 된다. 그러므로 산등성이 중앙에 쓴 묘는 대부분 명당이 아니다.

풍수는 음과 양으로 푸는 학문이며 이 음과 양은 음 중에 양이 있고 양 중에 음이 있는 것으로 이중 분할되는 것이다. 그러나 기존의 풍수는 오행으로 풀고 있다. 풍수는 어디까지나 기를 다루는 학문이므로 오행으로 풀면 맞지 않는데도 말이다.

음양을 단지 눈에 보이는 음양만으로 푸는 것이 현재의 풍수이론이다. 그러나 풍수는 눈에 보이는 음양을 눈에 안 보이는 땅밑의 음양과 함께 풀거나, 때론 땅밑의 음양만 가지고 풀어야 혈을 정확히 찾아낼 수 있는 이론과 실제이다. 이것이 형세론, 이기론, 형국론이 잘못된 이유이다. 그러므로 풍수는 학문으로 풀기 어렵다. 학문으로 풀리지 않으니 오행을 갖다붙이고 그래도 안 되니까 주역을 갖다붙여 기존 풍수이론을 오행과 주역을 기초로 하는 학문이라고 한 것이다. 그러나 풍수는 기의 흐름과 기의 파장이 인간생활에 도움이 되도록 그 이치를 찾아내어 응용하는 학문이다.

우리나라에는 산이 많고 높아서 땅의 구조상 명당도 많고 물구덩이와 망지亡地도 많다. 그러므로 정확한 풍수이론을 적용해야 하는 것이 우리의 현실이다.

풍수가와 풍수이론의 폐단

풍수가風水家는 지사·풍수·풍수선생·감여가·지관이라고 불리며 풍수지리설에 의거하여 묘지나 집의 위치와 방위를 선정하는 사람이다. 옛 문헌에 따르면 풍수의 법술에 통달한 자는 적절한 기술로 풍수의 목적을 달성할 수 있다고 하지만 그 실증實證이 없으면 하나의 이론에 지나지 않는 것이다.

　　풍수로 역사에 이름을 남긴 사람은 중국인으로는 귀곡자, 장의, 곽박, 제갈량, 양균송, 희남자, 복응천, 일행선사 등이 있으며, 우리나라에서는 도선대사, 무학대사, 두사충, 남사고, 이지함 등이 유명하다.

　　중국의 풍수설이 한漢과 진晉나라 때 발생했음에도 당나라에 와서야 성행하게 된 것은 실증적 설명이 늦어서이다. 당 이후 명明, 청淸 시대에 이르러서는 풍수설이 더 유명해져 민간신앙으로까지 보급되었다. 이 이론을 실증적으로 증명하기 위해 당시 출판된 풍수서에 '어디에 있는 무슨 산은 어떤 형태이고 누구의 묘가 명당이어서 그 자손이 잘된다' 는 식으로 예를 첨부하여 풍수법술의 우수성을 역설했다.

이렇듯 풍수법술이 단순한 이론이 아닌 사실로 입증됨으로써 민간에서 강력한 지지를 얻을 수 있었고 또한 풍수가들 역시 존경받는 위치에 서게 되었다. 우리나라에서는 이 풍수신앙이 신라 때보다는 고려 때 더 많이 이용되었고, 고려시대에는 귀족이나 유식자 층에 한정되다가 조선조부터는 사회 각층에 보급되면서 민간신앙으로까지 널리 퍼졌다.

실증되지 않은 풍수이론의 폐단 . . .

풍수가 조선조부터 민간에 보급된 것은 고려시대부터 시작된 풍수이론의 실증을 직접 보아왔기 때문이다. 조선시대에 풍수가 민간신앙으로 보급되면서 풍수가를 찾는 이가 많아지자 풍수의 이치를 아는 풍수가가 부족해졌다. 그리하여 중국에서 건너온 풍수책 몇 권 읽고 패철의 원리도 모르면서 풍수가로 자칭하는 사람이 많아졌다.

당시 풍수책은 어려운 한문으로 되어 있었다. 한문을 모르는 사람이 많았던 조선시대 일반 서민들은 오랫동안 풍수이론을 연구하고 실제 답사를 통해 자연의 이치를 터득해야만 풍수가가 될 수 있다는 사실을 몰랐다. 단지 어려운 풍수책 몇 권 읽고 패철을 볼 줄 알면 명풍수가로서 명당을 찾을 수 있는 것으로 믿고 풍수에 관계되는 일을 했다.

조선 후기에는 임진왜란과 병자호란 등의 많은 전쟁과 정쟁政爭

으로 인해 여러 사화士禍를 당하면서 사회가 혼란스러워지고 천재지변으로 일반인들의 생활이 어려워지자 풍수지리는 점차 민간 신앙으로 발전했다.

풍수설에 따라 명당자리에 조상을 장사지내면 그 발복으로 궁핍한 생활을 면하거나 자손들을 보존할 것이라는 일반인들의 생각과 일치되면서 풍수가의 수요는 더욱 많아졌다.

그러다보니 질적으로 부족한 풍수가가 양산되었다. 자연의 이치를 모르고 풍수이론의 핵심이 빠진 중국의 풍수책 『멸만경滅蠻經』으로 인해서 풍수 지식을 완전히 취득하지도 못한 채 풍수가가 양산되는 사태를 초래했다. 그리고 이와 같은 풍수가들은 많은 사람들을 불행하게 만들었다.

풍수이론을 제대로 알지 못하고 복덕만을 구한 나머지, 조상을 물구덩이나 망지에 모심으로써, 부귀영화는커녕 오히려 액운을 초래하는 결과를 가져오기도 했다. 그러다보니 풍수이론은 미신迷信이나 혹세무민惑世誣民하는 잡술雜術로 간주되었으며 조선 말기에는 사회적 문제가 되었다.

그리하여 풍수가를 이르길, 말로써 상대를 속이는 언적言賊, 자신이 모르는 부분에 대해서는 눈을 지그시 감고 사소한 문제는 대꾸도 없이 침묵을 지키면서 도사 행세를 하는 묵적默賊, 그리고 공연히 남의 집안에 일을 벌여 평지풍파를 일으키는 풍적風賊이라 하여 삼적三賊으로 몰아 사회의 암적인 존재로 비하하기도 했다.

전국에 풍수가가 일만 명? . . .

요즘은 어떤가! 풍수학원이나 문화센터 풍수강좌 좀 들었다고 풍수를 다 아는 것처럼 말하는 자, 지하수맥 탐지를 연구한 사람, 단전호흡으로 기를 수련한 사람, 도구를 사용하여 기를 측정하는 사람 등등 자칭 풍수가들이 전국적으로 약 일만 명이나 영업중이다.

이 일만 명의 풍수가에게 땅밑에 있는 혈이 어떻게 생겼으며 어느 위치에 있고 기맥선이 어떻게 흐르는지, 그리고 혈을 중심으로 어떤 지하수가 어느 방향으로 흐르는지를 물으면 아마 처음 듣는 이야기라고 할 것이다.

현재 시중에 유통되는 풍수이론서 100권을 100번씩 읽는다 해도 혈을 찾을 수 없는 안방풍수에 지나지 않는다. 그 책들 안에는 혈의 구성 원리가 없고 맥이 어떻게 흐르는지에 대한 설명이 없다.

지하수맥을 탐지하는 사람들은 혈을 중심으로 8방향으로 흐르는 가느다란 지하수(음수 계맥수[陰水 界脈水])를 찾아낼 수 없다. 물론 지하에 있는 큰 수맥은 찾을 수 있지만 이것은 혈과는 아무 관계가 없다.

단전호흡을 오래하여 기를 안다는 사람과 도구를 이용하여 기를 찾을 줄 안다는 사람들도 혈에서 올라오는 기의 정확한 위치를 모른다. 혈에서 올라온 기는 사방으로 흩어져나가기 때문이다.

잘못된 풍수의 속설 ● ● ●

옛날에는 눈 오는 날 산에 가면 혈 크기만큼 눈이 녹아 있어 혈을 찾을 수 있다고 했다. 그러나 필자가 수년을 확인한 결과 눈이 많이 오면 혈 자리도 주위와 똑같이 쌓이고 적게 오면 혈의 몇 배 크기로 혈 주위가 녹아 없어져버리므로 일반인이 알고 있는 것과는 너무나 차이가 크다. 기를 느낀다고 장담하는 사람은 혈 주위의 기는 느낄 수 있을지 모르지만 혈의 정확한 위치는 잡아낼 수 없다고 감히 주장하는 바이다.

혈은 일반 풍수가의 눈이나 도구로는 찾을 수 없으며 간혹 만에 하나 찾는다고 해도 혈의 크기, 깊이, 기맥선이 흐르는 방향 등 혈에 관한 모든 것을 알아야 혈이 파괴되지 않는다. 혈은 오랜 수련으로 자연과 마음이 동일한 상태가 되었을 때 찾을 수 있는 것이다. 자연이 만들어놓은 열매인 혈을 마음으로 찾을 수 있을 정도의 실력이 아니면 예부터 전해오듯 '한치의 오차' 없는 묘자리를 잡을 수 없다.

풍수가의 말로가 좋지 않거나 비명횡사한다는 말이 있다. 사람이 한 번 죽는 것도 억울한데 자신의 시신이 물구덩이나 망지에 묻히면 얼마나 원통해하겠는가? 산 사람은 속일 수 있을지 모르지만 죽은 사람의 혼령은 속일 수 없다. 그러니 죽은 혼령이 가만히 있지 않는 것이다. 요즘 세상에는 귀신이 없다고 믿는 사람이 많지만 귀신이 있다 없다를 쉽게 단정지을 수는 없는 일이다.

풍수가는 남의 묘자리를 잡아주는 대가로 일시적으로 생활에 보탬은 얻을 수 있을지 모르겠으나 불교에서 이야기하는 엄청난 업業을 짓게 됨을 명심해야 한다. 현재 유통되는 풍수 관련서적은 핵심인 기맥선의 움직임과 기와 지하수의 상호작용을 뺀 알맹이 없는 껍데기 이론으로 가득 차 있다.

따라서 이와 같은 풍수이론과 지식으로는 평생을 가도 진짜 혈 하나 찾을 수 없음을 상기해야 한다. 앞으로 풍수 일을 할 사람은 눈이나 지식으로 혈을 찾을 것이 아니라 마음으로 혈을 찾는 방법[心穴法]을 깨우치고 터득한 후에 비로소 다른 사람의 집터나 묘터를 잡아주는 일을 해야 한다.

현재 풍수가들의 세 가지 풍수 유형 . . .

현재 우리나라 풍수가들은 풍수를 연구하고 이해하는 방법에 따라 크게 형세론形勢論·이기론理氣論·형국론形局論 세 가지로 나누어 이 중 한 가지 유파를 신봉하고 상대방 유파를 무시한다. 글자도 모르는 무식한 작대기 풍수(형세론을 중시하는 풍수유파를 비난하는 말)니, 산도 모르면서 방안에서 글만 짓고 따지는 안방풍수(이기론 풍수를 비난하는 말)니 하면서 서로 비방하는 것이다. 이들의 기본 입지는 이러하다.

첫째, 형세론이란 산줄기의 흐름을 중시하는 이론이다. 산세의 모양이나 형세상의 아름다움과 추함을 따지고 산줄기를 따라 흐르는 기가 어느 쪽으로 흐르는지 혈이 어느 곳에서 맺어지는지를 따져 길지吉地와 흉지凶地를 판별하는 유파이다. 형기론形氣論이라고도 부른다.

둘째, 이기론은 산이 작고 평원으로 이루어진 중국의 남부지방에서 특히 발달했다. 물길의 흐름에 따라 혈처穴處의 좌향을 정하고 그길흉을 예측한다.

중국 송宋대에 와서 널리 퍼진 좌향론坐向論이 바로 이기론이다. 이 이론에서는 음양오행과 패를 매우 중요시하고 체계적이면서 세련된 이론 구성을 하고 있는 것 같으나 너무 어렵고 실제로 적용하기 난해하며 너무 역리적逆理的으로 풀어내어 풍수를 역易의 한 아류亞流로 전락시킬 염려가 있다. 따라서 풍수를 비판적으로 보는 사람들에게 미신적이라는 공격의 빌미를 제공하기도 한다.

셋째, 형국론은 물형론物形論이라고도 한다. 혈이 맺히는 형태의 국을 보고 동물이나 식물 등의 물체에 비유하여 혈을 찾거나 설명하는 것으로, 보는 사람의 주관에 따라 차이가 있을 수 있다. 어떤 사람은 산의 형태를 호랑이로 보는데 다른 사람은 사자나 개로 볼 수 있기 때문이다.

이런 점을 악용하여 형국론을 가지고 혹세무민惑世誣民하는 사람이 예나 지금이나 많은 것 같다.

형국론은 장군대좌형將軍對坐形이나 옥녀단장형玉女丹粧形, 선인독서형仙人讀書形 등 인체 유형에 비유한 형국에서는 주로 명치나 배꼽 또는 단전에서 혈을 찾는다. 그리고 비룡승천형飛龍昇天形, 갈룡음수형渴龍飮水形, 오룡쟁주형五龍爭珠形 등 용과 뱀에 비유한 형국에서는 머리, 이마, 코 부분에 혈이 있다고 보고 그곳에서 혈을 찾는다.

또한 금계포란형金鷄抱卵形, 봉황귀소형鳳凰歸巢形, 복치형伏稚形,

금오탁시형金烏啄尸形 등 새 유형에 비유한 형국에서는 혈이 날개 안쪽이나 벼슬 부위에 있으며, 갈마음수형渴馬飮水形, 와우형蝸牛形, 맹호출림형猛虎出林形 등 짐승 유형에 비유한 형국에서는 코 또는 귀, 복부의 유방에 혈이 있다고 보고 그곳에서 주로 찾는다.

형세론·이기론·형국론은 보조적인 수단일 뿐...

이 형세론·이기론·형국론을 가지고는 정확히 혈을 측량할 수 없다. 풍수지리는 음양으로 풀어주면서 음양을 맞추어야 한다. 눈으로 보는 땅위에서 음과 양을 맞추고, 때론 땅위와 땅밑을 음과 양으로 맞추고, 때론 땅밑만 가지고 음과 양을 맞추어야 한다. 그러나 상기 이론들은 땅위에서만 음과 양을 맞추기 때문에 땅속에 맺혀 있는 혈을 찾아낼 수 없다. 형세론과 형국론은 외기外氣가 모이는 초점에 간혹 맞는 경우가 있지만 그 확률은 극히 희박하다. 이기론은 우리나라의 경우, 들이 좁고 강이 짧아 적용할 수 없는 이론이다. 이 이론들은 명당을 정확히 찾아 혈장 위에 장사 지낼 수 없기 때문에 도리어 패가망신시키는 경우가 허다하다.

그러나 망지의 경우 길흉화복은 잘 맞는다. 그 이유는 오행과 주역이 첨부되었기 때문이다. 그러나 풍수지리는 맥과 혈을 찾는 학문이지 망지를 찾는 학문이 아니다. 풍수는 안과 밖을 같이 공부해야 한다. 현재까지 밖의 공부만 했다면 앞으로는 안의 공부, 즉 땅밑을 공부해야 하는 것이다.

서애 류성룡 선생의 경고...

또한 예부터 전해지는 비결에 따라 명당을 찾는다는 사람도 있는데 허무맹랑한 말이니 속지 말아야 한다. 조선 선조 때의 명신名臣 서애 류성룡 선생은 풍수가를 옳게 보지 않았다. "풍수가들은 욕심이 많고 거만할 뿐만 아니라 법술 또한 형편 없으니 훗날의 일을 대비하여 풍수 공부를 해두어야 한다"라고 지적하였다.

주변에서 조상의 묘를 이장하는 것을 자주 목격할 수 있다. 망지로 이장하면 반드시 흉凶이 따르니 집안에 좋지 않은 일이 생긴다. 그러니 이장을 해야 할 경우 맥과 혈을 볼 줄 아는 풍수가를 만나면 다행이지만 그렇지 못할 경우는 차라리 화장火葬을 하는 게 옳은 방법이다.

어떤 통계에 따르면 전국민의 18퍼센트는 명당이 있다고 확신하며 절반 정도는 있다고 믿는다. 이로 미루어볼 때 풍수가의 역할은 엄중해야 한다. 그러니 엉터리 중국 풍수이론책에 의지하지 말고 자연의 이치가 어떻게 움직이는지를 확인하여 자연의 섭리에 맞게 풍수일을 해야 할 것이다.

이장해야 할 경우와 하지 말아야 할 경우...

옛 문헌에 이장을 함부로 해서는 안 될 경우와, 이장을 하지 않으면 안 되는 경우를 지적하고 있다.

『인자수지人子須知』에서 이장을 해서는 안 되는 경우는 다음과 같다.

1. 자손이 번창하는 경우
2. 오래된 무덤
3. 다섯 가지 상서롭지 못한 일[五不祥]이 없는 경우
4. 정자程子의 다섯 가지 근심[五患]이 없는 경우
5. 집안이 그럭저럭 지탱이 되는 경우

다음은 같은 책에서 언급한 이장하지 않으면 안 되는 다섯 가지 상서롭지 못한 경우이다.

1. 봉분이 까닭없이 무너질 때
2. 봉분 위의 잔디가 말라 죽을 때
3. 집안에서 음란한 일이 빈번하게 발생하고, 젊은 사람이 사망하거나 청상과부가 끊이지 않을 때
4. 집안 사람이 불충불효하고 미쳐 날뛰거나 형벌·상해·질병·화재 등과 같은 우환을 자주 당할 때
5. 집안 식구가 자주 사망하여 절손의 위험이 있거나 재산이 자꾸 빠져나가거나, 혹은 자주 관재구설에 시달릴 때

이런 경우에는 반드시 이장이나 개장을 해야 한다.

일찍이 중국의 정자程子는 이장하지 않으면 안 되는 다섯 가지 경우를 오환五患이라 했다. 다음과 같다.

1. 도로가 새로 생겨날 때
2. 성곽이 생길 때
3. 도랑이나 연못이 생길 때
4. 권력자에게 묘를 빼앗길 위험이 있을 때
5. 전답이 되는 경우

역사 속의 풍수지리와 비보풍수

언제부터 우리나라에서 풍수의 관습이 시작되었는지 그 기원에 관해서는 일정한 설이 없다. 다만 한반도 자체 발생설과 중국으로부터의 유입설, 이 두 가지가 풍수를 연구하는 사람들이 인정하는 설이다.

  한반도 내에서 자체적으로 발생했다는 설은 단군신화에서 보여지는 풍수적 사상과 백제의 시조 온조왕과 고구려의 유리왕이 도읍을 정할 때 산세를 살피고 난 후에 그 위치를 선정했다는 사실을 근거로 들고 있다. 중국으로부터의 유입설은 통일신라 시대 이후 당나라와 빈번하게 교류하는 과정에서 당시 신라 승려들이 중국에서 유행하던 풍수이론책들을 갖고 들어오면서 비롯되었다는 설이다.

자체 발생 풍수와 중국 유입 풍수는 그 이론이 완전히 다르다
• • •

자체 발생설(현재 모 교수가 주장하는 자생풍수설과는 완전히 다르다)은 옛날부터 선인仙人이나 도인道人, 고승高僧 등을 통해 풍수지리의 맥이 끊어졌다가 이어지는 형태를 유지하면서 계승해왔다는 설이다. 그리고 중국 유입설은 풍수이론서에 의해 현재까지 유지되고 있다고 보는 것이다.

이를 구체적으로 설명하면, 자체 발생 풍수에서 풍수의 기본은 기氣와 수(水, 지하수)의 상호관계와 산의 맥 흐름을 통해 자연을 있는 그대로 보는 것이다. 또한 풍수를 아는 이가 스스로 필요한 경우에만 사용했다. 반면, 중국에서 유입된 풍수는 중국풍수 이론책을 통해 장풍득수藏風得水에 의거해 산과 물, 방위를 보는 형태로서 대중화되었다.

자체 발생 풍수와 중국 유입 풍수는 그 이론이 완전히 다르다. 자연을 보는 방법 또한 차이가 있다. 자체 발생 풍수는 마음으로 보고, 중국 유입 풍수는 눈으로 본다. 이들은 각각 다른 형식으로 오늘까지 내려왔다고 봐야 할 것이다.

필자는 자체 발생 풍수에 관계되는 자연의 모든 것을 풍수이론이 생긴 이래 처음으로 밝혀놓았다. 불국사와 석굴암은 이미 2부에서 설명했고, 김유신 장군의 묘는 자체 발생 풍수이론이 적용되었음을, 그리고 경복궁과 청와대, 광릉에 있는 세조릉, 태조 이성계의 건원릉은 중국 풍수이론이 적용되었음을 사례를 들어가며 설명하고자 한다.

비보풍수란 무엇인가 ● ● ●

비보풍수裨補風水란 우리나라 풍수지리를 체계화했다고 전해지는 신라 말 고려 초의 선승禪僧 도선국사(道詵國師, 827~898)가 주장한 풍수사상이 다. 불교 교단을 재정비하고 국토를 개발하기 위해 전국 곳곳에 사원이 나 탑을 세우고 여러 불보살에게 빌면 국가와 국민이 보호받는다는 사 상이다.

도선국사는 땅의 기운이 쇠할 때 산천의 역처疫處나 배처背處에 사탑을 세워 땅의 기운을 보완할 것을 주장하면서 전국을 돌면서 3천8 백 개의 비보소裨補所를 만들었다.

비보풍수는 자연의 이치를 정확히 알고 반드시 시대성과 대중성 을 내포해야 한다. 그리고 혈의 위치를 정확히 아는 풍수지리가 기의 파장을 알고 기의 작용을 이용해야 한다.

외기外氣가 강한 지역에서는 외기의 파장이 강해 사기邪氣로 변 하기도 하는데, 이때는 외기를 배출하는 혈 자리의 기를 생기生氣로 중 화해줌으로써 대중의 마음을 안정시켜주어야 한다. 이러한 일을 하는 것이 비보풍수이다.

비보풍수는 그 당시의 시대성과 대중성을 감안한 것 ● ● ●

조선시대 관악산은 왕도남방지화산王都南方之火山이라 하여 왕실과 일반인들은 도성에 불의 재난을 일으킬 산으로 믿었다. 그래서 조선왕조는 여러 가지 비보의 방법을 동원하여 관악산의 화기를 극복하려고 노력했다. 남대문의 편액扁額인 숭례문崇禮門은 세로로 했으며 남대문 앞에 연못을 팠다고 한다.

이 연못이 자연적으로 메워지자 세종 때의 백성들은 방울을 흔들며 떼지어 돌아다니면서 연못을 다시 파자고 소란을 피워대 다시 팠다. 그 후 대원군이 경복궁을 다시 지으면서 관악산의 혈에는 해태상海台像을 묻고 광화문에는 해태상을 세웠다.

이렇게 하여 일반인들은 그 해태상을 보면서 불조심해야겠다는 생각을 할 것이고, 또한 비법秘法을 사용했기 때문에 불이 나지 않을 거라는 마음의 안정도 얻을 수 있을 것이다. 즉, 비보풍수를 통해 혈의 기운을 보완함으로써 자연의 조화를 도모함과 동시에 심리적 효과도 얻는 것이다.

비보풍수는 정확한 혈 위치를 알아야 하고 대중의 호응도 뒤따라야 한다. 경사가 급한 산에 절을 세워 스님을 거주하게 하면 스님은 나무를 심고 주위를 항상 관찰하고 살필 수 있으므로 산사태를 미연에 방지할 수 있다. 또한 불공드리러 오는 일반인들을 위해 길도 내야 하는데, 이때 토목공사를 하고 신도들이 주위를 살피게 되면 산사태를 사전에 예방할 수 있다. 이 또한 절의 신도라는 대중의 호응이 필요하다.

풍수에서는 주위에 있는 산이 여자의 성기나 신체 일부와 비슷한 모양이거나 여자의 치마와 비슷한 모양일 경우, 여자들이 성적으로 문란해진다 하여 좋은 땅으로 인정하지 않는다.

이때는 그 마을의 입구나 마을 사람들이 제일 많이 모이는 곳에 남근석男根石을 세우게 한다. 마을 여자들의 풍기문란을 주위 산에서 오는 기 때문이라고 생각하고 그 기를 남근석이 중화시켜준다고 보는 것이다. 특히 마을 사람들에게 항상 품행과 마음가짐을 단정히 할 것을 강조하기 위해 마을 사람들이 제일 많이 볼 수 있는 마을의 입구나 사람들이 많이 모이는 곳에 남근석을 설치한다. 이때도 역시 대중적 호응이 따라야 한다.

이상의 예에서 보듯이 비보풍수는 시대성과, 그리고 많은 사람들에게 마음의 안정과 예방을 강조하는 대중성이 필수사항인데 이는 불교에서 이야기하는 일체유심조一切唯心造와 상통한다. 비보풍수는 풍수이론에서의 동기감응同氣感應과는 완전히 다르다.

명당이 아닌 것을 마음으로 명당이라 여긴다고 해서 그 기를 받을 수는 없는 것이며, 원래 명당인데 명당이 아니라고 생각하여 그 기를 받지 않는 것이 아니다. 그런데 요즘 식자층에서는 '명당은 마음에 따라 있기도 하고 없기도 하다. 또 마음으로 명당이라고 생각하면 명당이다' 라는 알쏭달쏭한 말을 하는 사람들이 있다. 이는 자연이 무엇인지 모르는 사람들이 하는 말이다. 자연의 기는 어떤 비보를 해도 변하지 않는다.

서울 동대문은 처음에는 흥인문興仁門이라 했다가 임진왜란 후에는 낙산의 기가 부족하다고 하여 흥인지문興仁之門으로 바꾸었다고 한다. 그러나 갈지(之)자 하나 더 있다고 낙산의 산기슭이 늘어나는 것도 아니고 낙산의 기가 바뀌는 것도 아니다.

비보풍수의 정확한 내용 알아야 ● ● ●

도선대사가 주장한 비보사탑설은 그 당시의 시대성과 대중성을 감안한
것이어서 이용할 수 있었던 것이지, 현대의 서구적 사고와 개인적 사
고, 과학적인 사고에서는 완전히 무용지물이다.

　도선대사가 세웠다는 절을 살펴보면 한치의 오차 없이 기맥선과
혈에 맞추어 부처님을 안치하고 탑을 세웠다. 비보풍수의 정확한 내용
을 알고 그 당시에 왜 이런 방법을 쓰지 않으면 안 되었는지를 알아야
한다.

　그런데 세월을 거치면서 이 좋은 방법의 본래의 뜻이 망각되어
도참설에 이용되고 현재는 풍수무용론으로 이용되는 실정이다. 풍수지
리는 주역이나 오행, 패철을 이용하는 음양술이 아니며, 있는 것을 없
다 하고 없는 것을 있다 하는 등 마음먹기에 따라 움직이는 불교의 일
체유심조 이론도 아니다. 우주에 있는 기와 지구에 있는 기를 인간과
어떤 방식으로 접목할 것이냐를 연구하는 자연과학이다.

신라인의 지혜, 김유신 장군의 묘

김유신(595~673) 장군은 가야국의 시조 김수로 왕의 12대 손으로 본관은 김해金海이다. 장군은 609년(진평왕 31년)에 화랑이 되었으며, 629년(진평왕 51년) 8월에는 이찬·임명리 등이 고구려의 낭비성을 공격할 때 출전하여 큰 공을 세웠다. 또 647년(진덕여왕 1년) 1월에는 여왕을 폐하려고 난을 일으킨 귀족회의의 수뇌인 상대등上大等 비담과 염종의 반군을 토벌하고, 654년 3월 진덕여왕이 후사 없이 죽자 재상으로 있던 이찬 알천과 의논하여 이찬 김춘추(金春秋, 太宗武烈王)를 왕으로 추대했다.

김유신 장군은 660년(무열왕 7년) 1월, 상대등의 벼슬에 올랐다. 7월에는 신라정예군 5만과 소정방蘇定方이 이끈 당나라 13만 군사와 연합하여 백제의 사비성(부여)을 공격해 백제를 멸망시켰다. 또 668년 9월, 나당 연합국이 고구려의 평양을 칠 때 연합국 대총관이 되었으며, 고구려 정벌 후 당나라 군사를 축출하는 데 힘써 한강 이북의 고구려 땅을 수복함으로써 삼국통일의 기반을 다져놓았다. 그 뒤 673년(문무왕 13년)

7월에 세상을 떠났다.

김유신 장군의 묘는 전형적인 자체 발생 풍수 . . .

장군의 무덤은 현재 경주시 충효동 송화산 중턱에 있다. 신라 때 중국 풍수이론이 도입되면서 장군의 묘는 중국 풍수이론으로 세워진 현존하는 한국 최초의 명당이라고 풍수이론가들의 의견이 모아지고 있다. 그러나 필자가 현장 답사를 한 결과 이 묘는 한반도 자체 발생 풍수에 의한 전형적인 분묘이다.

당시 왕족이 아닌 일반인들은 주로 화장을 했고 왕릉은 평지에 있었다. 그러다가 김유신 장군의 묘를 시작으로 왕릉은 산으로 올라갔다. 이를 두고 김유신 장군의 증손자 김암金巖이 당나라에서 천문 지리와 둔갑술을 배워와서 이를 가르쳤다는 식으로 중국 풍수이론이 적용되었다고 하는데 이는 비약이다. 역사적으로 신라시대 왕릉들이 김유신 장군의 묘를 쓰는 시점 이후부터 산으로 간 것은 맥선의 깊이 때문이다.

보통 맥선이 흐르는 깊이는 산에서는 세 자에서 열 자 사이이고 평지에서는 다섯 자에서 서른 자 사이이다. 이렇듯 깊이에서 차이가 나는 것은 바람 때문이다. 맥은 바람을 싫어하므로 바람이 많은 평지에서는 땅밑 깊은 곳으로 흐른다. 신라시대의 왕릉은 크고 평지에 위치한다. 이는 봉분을 크게 하여 인공적으로 맥선을 만들고 물이 못 들어가

| 김유신 장군의 묘

게 토목공사를 하고 숯을 땅에 넣는 등 자연의 피해를 최소화하면서 명당에 묻힌 왕릉과 같은 장소로 만들었다고 보아야 한다. 그런데 그렇게 하다보니 인력이 너무 많이 들어가 결국 자연을 이용하여 깊게 파지 않아도 되는 산으로 묘가 옮겨간 것이다. 이는 중국의 풍수이론이 아니고 당시 신라인들이 자연을 이용한 방법이라고 보아야 한다.

김유신 장군 묘가 중국 풍수가 아닌 이유●●●

한반도 자체 발생 풍수는 주위의 사신사를 중히 여기는 것이 아니라 산이나 평지를 지나는 기맥과 맺혀진 혈에 정확히 묘를 안치하는 것이다. 김유신 장군 묘의 기맥선은 당판의 좌측으로 활 모양으로 기울어져 내려오는데, 이 기맥선과 혈에 맞추다보니 묘가 당판의 중앙에 있지 않고 좌측으로 옮겨져 좌측 공간이 좁고 우측 공간이 넓은 것이다.

중국의 풍수이론은 주산과 사신사를 중히 여기는데, 장군 묘가 위치하는 산중턱의 높이와 좌청룡의 산 높이를 비교해보면 좌청룡이 너무 낮으며 우백호 역시 허술하다. 또한 입수처로부터 열린 원운圓暈인 당판의 중앙에 묘가 있어야 하는데 좌측으로 치우쳐 있다.

당시 김유신 장군의 정치적·사회적 신분으로 미루어보아 중국 풍수이론책에 맞는 산은 얼마든지 구할 수 있었을 텐데 여러 가지로 중국 풍수이론에 맞지 않는 곳에 묘를 안치한 것을 보면 전통 풍수이론을 따른 것이다. 또한 물형론物形論으로 해석하여 해목혈(蟹目穴 ; 게의 눈)의 명당으로 보는 이들도 있는데 혈의 응결이 어떤 형상과 우연히 일치되는 일은 가능하다. 그러나 지형을 어떤 형상에 부합시켜 그 좋고 나쁨을 가리는 것은 반드시 이익보다는 손해가 많다.

물형에 관한 이론을 버리고 오로지 양균송이 분류한 와窩·겸鉗·유乳·돌突 네 가지 혈만 정확히 알면 된다고 『인자수지人子須知』의 물형국에서 비평한 것과 같이 억지로 산을 물형으로 비유하지 말 것을 강조하는 바이다.

당시 묘를 너무 크게 만들어 묘 위에서 정확한 혈의 크기를 측정할 수 없는데, 지하수와 지하수 간격이 3미터 30센티미터이고 기맥의 흐름을 측정한 결과 지름이 3미터 정도 크기로 형성된 혈로 보면 될 것이다. 한반도 자체 풍수이론에 의해 기맥선과 지하수로 혈을 보지 않고는 정확하게 혈에 안치할 수 없다. 중국 풍수이론책 어디에도 이렇게 정확하게 안치하는 방법이 없다. 그런데 여기서 장군의 묘를 더욱더 자연의 이치에 맞게 하려면 봉분 크기를 혈에 맞추어 3미터 미만으로 작게 하고 일체 돌로 장식을 하지 않는 것이 좋다. 장군의 묘 주변에 12신장의 장식돌이 있는데 이것은 후세 사람들이 묘 장식을 호화롭게 하는 데 영향을 주었다고 한다. 그러나 자연은 자연 그대로를 좋아하므로 봉분에 돌 등을 장식하지 않는 것이 좋다.

서울의 주산은 인왕산이다

한양이 조선의 도읍지로 정해진 과정들은 이미 잘 알려져 있다. 태조 이성계가 한양을 도읍지로 정한 과정을 보면 철저하게 풍수지리설에 입각했음을 알 수 있다. 즉 고려의 도읍지 개성의 지기地氣가 쇠하여 새로운 왕조인 조선에게 불길하므로 새로운 도읍을 정해야 한다고 본 것이다.

그리하여 계룡산의 신도안, 모악산(현 연세대학교 부근) 등 여러 곳이 후보지로 선정되었다. 태조 이성계는 자신이 친히 답사까지 하면서 최고의 명당을 도읍지로 정하려는 의욕을 보였고 결국 여러 후보지 중에서 한양을 도읍지로 정했다.

무학대사와 정도전 ● ● ●

그 당시 풍수지리에 정통한 사람으로 무학대사와 하륜이 있었다. 그러나 두 사람은 서로 보는 방법이 달랐다. 무학대사는 '이곳은 사면의 산세가 빼어나고 명당이 넓다'고 하면서 주로 산의 형세를 따지는 형세론에 입각하여 한양이 도읍지로 좋다고 한 반면, 하륜은 풍수지리법으로 볼 때, '이곳은 불가不可하다'고 했다. 아마도 이기론理氣論에 의한 것으로 추정된다.

어쨌든 우여곡절 끝에 한양을 도읍지로 정한 후 경복궁의 방향을 어느 쪽으로 할 것인가를 두고 또다시 무학대사와 정도전 등의 개국공신들이 대립한다. 무학대사는 인왕산을 주산主山으로 하여 동향으로 하자고 주장하고 정도전 등의 개국공신들은 북악산을 주산으로 하여 남향으로 지어야 한다고 주장했다.

정도전 등은 중국의 자금성을 예로 들어, 예부터 임금은 남쪽을 향해 백성을 다스렸다는 과거의 고사를 인용하면서 경복궁 궁궐의 방향을 남쪽으로 해야 한다고 주장했다. 이 주장이 받아들여져 결국 경복궁의 방향은 남향으로 정해졌다. 예나 지금이나 정권 주도세력의 입김이 센 것은 당연한 것 같다. 그리하여 승려 신분의 무학대사는 강력한 주장을 못 한 것으로 보인다.

6백여 년 동안 서울을 잘못 본 풍수관 • • •

세종 15년(1433년) 최양선이라는 풍수학자는 '경복궁의 북쪽산이 주산이 아니라 향교동(지금의 운니동)의 연한 줄기인 지금의 승문원 자리가 주산이다. 경복궁은 명당이 아니다'라고 최초로 주장했다.

세종은 승정원에 지시하여 '풍수지리에 능한 자를 찾으라'고 명한다(『세종실록』 15년 7월 무오). 이에 이양달·고중안·정앙 등은 '삼각산 봉우리에서 내려와 보현봉이 되고, 보현봉에서 내려와 평평한 언덕이 되었다가 우뚝 솟아 일어난 높은 봉우리가 곧 백악(북악)이다. 그리고 그 아래 널찍하게 바둑판 모양이 되어 일만 명의 군사가 들어설 만하니, 이곳이 바로 명당이다'라고 주장했다.

또한 이진·최양선은 '삼각산의 내맥來脈 보현봉이 우람하게 높고 낮은 언덕 땅으로 퍼져 거기서 양편으로 갈라져서 오른쪽 가닥이 반 리半里쯤 내려오다가 우뚝 솟은 봉우리가 백악(북악)이며, 백악에서 반 리쯤 내려와서 한 줄기를 이루었으니 이것이 인왕산이다'라고 주장했다. 이와 같이 다른 곳으로 주맥主脈이 갔으므로 경복궁은 명당이 아니다라는 의견을 올린다(『세종실록』 15년 계축 7월 경신).

이렇게 의견이 분분하니 세종은 '내가 친히 백악의 내맥이 들어오는 곳에 올라가보고 그 가부를 결정하리라'고 말한다. 그리고 직접 북악산에 올라 삼각산의 내맥과 최양선이 명당이라고 주장하는 승문원의 산맥을 살펴보고는 다음과 같이 밝힌다.

보현봉의 산맥이 곧게 백악으로 들어왔으니 지금의 경복궁은 제대로 된 명당이다. 그러나 승문원의 내맥도 보통 땅이 아니다. 이양달·고중안·정앙 등이 승문원이 명당이 아니라고 함은 승문원 터가 낮고 미약하다는 것이 첫째이고, 산수가 좀 곧게 뻗었다는 것이 둘째이고, 마주보는 남산이 높다는 것이 셋째이다. 결론적으로 두 곳 다 명당이다.

그러면서 앞으로 경복궁이 명당이 아니라는 이의가 없게 했다(『세종실록』 15년 계축 7월 기사). '세조실록' 3년 정축 9월 정축일에 세조가 다음과 같이 묻는다.

나는 주산이라는 것을 잘 모르는데 현궁玄宮 위에 산맥이 떨어진 곳이 주산이 되는 것인가, 아니면 산이 쭉 뻗어내려오다가 청룡·백호를 밖으로 10여 리 내보내는 높은 곳이 있으면 이것을 주산으로 삼는 것인가?

그러자 대신 임원준과 풍수학자 노목은 "산맥이 떨어진 곳이 주산이 됩니다"라고 주장했다. 반면 한성부윤 이순지와 풍수학자 안효례는 "산맥이 생겨나오다가 가장 높게 솟은 곳이 주산이 됩니다"라고 말한다.

한편 최근의 풍수학자인 최창조는 다음과 같이 주장한다.

북악산이 서울에서 어떤 의미를 갖는지 제대로 알기 위해서는 서울의 지세에 대한 풍수적 이해가 필요하다. 백두산의 정기가 백두대간을 타고 남쪽으로 내려오다가 철령 부근에서 바꿔니 이것을 한북정맥漢北正脈이라 일컫는다. 한북정맥의 땅기운이 뭉쳐 북한산 연맥을 이루어 서울을 감싸 보호하고, 거기서 나온 용맥龍脈이 진기 융결하여 북악을 이루니 이것이 서울의 주산이다.

주산인 북악의 좌우로는 낙산과 인왕산이 용과 호랑이가 되어 도성 안을 감싸고, 그 앞으로는 남산이라는 책상을 사이에 두고 손님산인 관악과 대좌를 한다. 북악 앞으로 품을 열어 사람을 맞을 준비를 마쳤으니 이곳이 바로 서울의 명당이 된다. 그 중에서도 핵심이 되는 터가 혈처인데 그곳에 경복궁이 건설되었다.

청와대 터는 북악산에서 청와대를 거쳐 경복궁 근정전과 광화문을 연결하는 내룡來龍 맥세脈勢의 중심통로에서 출발점이다. 그곳은 기를 모아서 명당에 공급하는 수문 역할을 하므로, 거기에 대형 건물을 축조하는 것은 서울의 목을 조르는 행위에 해당된다. 이런 곳은 아무나 들여다볼 수도 없고 안에서도 푹 파묻힌 곳이다. 게다가 그곳은 풍수적 논리에 의하면 원래가 살 터, 주처住處가 아니다. 그저 잠시 머물 수 있는 유처留處에 지나지 않는다. 청와대 터의 풍수적 상징성은 살아 있는 사람의 삶터가 아니라 죽은 영혼들의 연주처이거나 신의 거처이다. 그래서 나는 가까운 장래에 대통령 관저를 옮길 것을 제안하는 것이다. 이것은 물론 천도 주장은 아니다.

이상의 글들은 한양의 주산과 경복궁의 명당 여부, 청와대의 풍수지리적 해석을 쉽게 하기 위해 문제가 되는 부분만을 여러 풍수책에서 뽑은 것이다. 6백여 년 동안 서울을 잘못 본 풍수관이다.

┃ 한양의 옛지도
　전체 지형은 동향으로 완만하게 경사지므로, 청계천이 흐르는 동쪽이 앞쪽이 된다

한양에 대한 올바른 풍수관 . . .

풍수지리는 음택·양택을 주역이나 오행으로 해석하는 길흉화복 개념
이 아니라 우주와 지구에 있는 기와 기의 파장을 인간과 어떻게 접목하
느냐 하는 자연과학의 개념이다.

풍수지리에는 음택·양택 외에 양기陽基풍수가 있다. 양기풍수
는 시대성을 감안하여 그 시대에 맞는 자연적 여건을 활용하는 것이
요체이다. 옛날 조선시대에는 산과 강을 이용하여 외적의 침입과 전염
병의 전염 경로를 차단했으며, 그 도성 안에 있는 사람들의 민란을 방
지할 수 있었으며, 나라의 중심을 택하는 데도 중요한 고려 요소가 되
었다.

새로 천도된 한양 땅은 양기풍수의 여건을 갖춘 명당의 형국이
다. 무학대사와 하륜의 대립은 한반도 자체 발생 풍수와 중국 풍수이론
의 대립이었다. 무학대사는 자연의 기 흐름과 기의 파동을 보았고 하륜
은 중국 풍수이론에만 의존한 것이다.

한양의 사대문을 연결하는 성을 중심으로 북·남·서·동은 산
으로 둘러싸여 있고 남은 한강이 흐르면서 자연적으로 요세적 형태를
갖추고 있어 당시의 목적으로는 합당했다. 특히 한강은 북한강과 남한
강이 양수리에서 만나 한양땅에 이르면서 양수陽水로 변해 온화한 기를
전달해주므로 한양은 더욱 좋은 땅이다 .

양기풍수는 반드시 시대성을 감안해야 하는바, 현재와 같이 교
통이 발달하고 과학화되고 국제화된 시대에는 반드시 사대문 안만이

수도로서 적합한 곳이 아니겠지만 그 당시에는 틀림없는 명당의 형국이었다.

무학대사와 정도전의 대립 역시 한반도 자체 발생 풍수와 중국 풍수이론의 대립이다. 무학대사는 자연의 이치에 맞게 적용하는 기의 원리인 원圓의 구성을 터득한 사람으로, 수水와 기氣 세계의 흐름을 알고 999년의 우주원리를 적용하고자 경복궁의 위치와 방향을 설정했다. 반면에 정도전은 성리학자로서 학문적 논리를 적용하여 남향을 설정한 것으로 생각된다.

한양은 북악산·인왕산·남산·낙산 네 개의 산으로 이루어져 있는데 이들 중에서 어느 산을 주산으로 정해야 하는가에 따라 자동적으로 경복궁의 방향이 결정된다. 중국 풍수이론에서는 주산의 개념을 산의 높이로 정하는 경향이 있는데 이는 잘못된 것이다.

모든 산에는 앞과 뒤가 있다 . . .

모든 물체에는 앞과 뒤가 있듯이 산에도 앞과 뒤가 있다. 앞면보다 뒷면이 경사가 높고 앞면은 경사가 완만하면서 평지 쪽으로 향하는 것으로 이를 구분할 수 있다. 우리가 말하는 동·서·남·북 방위와는 상관없이 자연의 음과 양의 조화에 의해 구분하는 것이다. 산의 기氣는 앞쪽으로 흐른다. 그래서 옛날부터 혈을 찾을 때는 산의 경사가 완만하고 양지바른 곳을 찾았다. 기가 흐르는 곳에 혈이 있는 것이다.

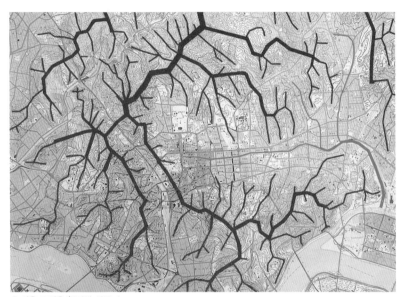

▌ 서울 도심을 둘러싼 산줄기
전체적으로 산마다 동향으로 완만하게 경사져 있다

　　자연의 이치는 청룡·백호·현무·주작의 사신사가 있을 경우, 네 개의 산 중에서 세 개의 산은 앞과 뒤의 방향이 같다. 이는 사신사 안의 기 흐름이 같다는 것을 의미한다.

　　한양에 있는 북악산·인왕산·남산·낙산 네 개 산의 앞과 뒤를 따져보면 쉽게 해결되는 문제를 가지고 조선의 건국 초부터 오늘날까지 경복궁이 명당이다, 아니다를 논하는 것은 과거의 풍수학자나 현재의 풍수학자들이 얼마나 기초 없이 풍수지리를 논했는지를 증명하는 것이다. 이 네 개 산의 앞뒤를 따져보자. 북악산의 앞은 동쪽이고 뒤는 서쪽, 인왕산의 앞은 동쪽 뒤는 서쪽, 남산의 앞은 동쪽 뒤는 서쪽이다.

서울의 주산은 인왕산 ● ● ●

세 개 산의 앞과 뒤쪽이 일치하므로 주산이 결정되었다. 바로 서울의 주산은 인왕산인 것이다. 인왕산이 주산이 되면 북악산은 좌청룡이고 남산이 우백호가 되며, 경복궁의 궁궐 방향은 당연히 동행이 되어야 기의 흐름과 일치한다. 무학대사는 기가 흐르는 방향을 알았던 것이다.

산은 제멋대로 생겼지만 자세히 보면 주위와 조화를 이루며 자연과 동행하게 되어 있다. 그러니 풍수지리는 어려운 한문 풀이나 주역과 오행으로 길흉화복을 점치는 것이 아니라 자연의 흐름을 있는 그대로 해석하는 쉬운 학문이라고 생각해야 한다.

청와대의 풍수에 관해서는 먼저 북악산의 앞뒷면을 따져보자. 북악산을 유심히 보면 동쪽으로는 경사가 완만하고 남쪽과 서쪽으로 경사가 급하게 나 있다. 모양상으로는 완전한 음룡陰龍이다.

청와대 쪽은 북악산의 남쪽이며 오른쪽이다. 한양의 사신사를 따져보았을 경우 청룡에 해당한다. 현재 청와대의 위치는 음룡 밑에 있는 음지陰地로 혈이 있을 수 없다. 혹 혈이 있더라도 묘지로 사용해서는 안 되는 곳이다. 남쪽이니까 햇빛은 잘 들어오겠지만 산세로 보면 아무 것도 할 수 없는 땅이다.

또한 풍수지리책 어느 곳에도 맥이 산옆으로 흐른다는 말은 없으며 실제로도 흐를 수 없다. 그러므로 청와대를 거쳐 경복궁 근정전과 광화문을 연결하는 내맥은 있을 수 없다. 일본인들이 조선총독부 관저를 청와대의 현 위치에 지어 경복궁 근정전의 맥을 누르고 중앙청을 지

▌ 경복궁에서 본 삼각산과 청와대
산줄기가 동서로 길게 내려뻗었는데 청와대는 옆자락에 붙어서 남향을 하고 있다
경복궁과 똑같은 오류를 범하고 있는 것이다

어 광화문으로 흐르는 내맥을 막은 것은 풍수지리의 비보사상을 역이
용한 것이다. 서울의 주산인 북악산에서 광화문으로 맥이 흐른다고 믿
는 대중심리를 이용해서 조선총독부 관저와 중앙청을 세웠다고 보아야
한다. 그러나 실제로는 서울의 주산은 인왕산이기 때문에 맥은 이렇게
흐를 수도 없고 흐르지도 않는다. 만약 이렇게 맥이 흐르면 풍수지리이
론이 성립될 수 없다.

　광해군 때 교하현(현 파주군 교하면) 천도 문제는 당시의 시대적 상
황에서는 생각할 수 있었을지 모르겠으나 교하현을 풍수지리적 이론으

로 따졌을 때는 맞지 않는다. 이는 과거의 설로 끝난 것이기 때문에 풍수적인 설명은 생략하겠다.

만약 통일 후 천도를 고민해야 한다면, 국제화 시대를 고려해서 항구를 끼고 한반도를 중심으로 조금 위쪽으로 간 곳이 좋다. 과거와 같은 외침과 전염병의 전염 차단 등은 필요 없으므로 넓은 평야지역으로 가서 요즘과 같은 살벌하고 파벌적인 정치가 아닌 평화로운 미래지향적 상생 정치를 해야 할 것이다.

한양은 명당 • • •

결론적으로 한양은 명당의 형국을 갖추었으며 당시의 여건에 충족되는 땅이다. 산세로 보아 주산은 인왕산을 기준으로 하고 북악산은 좌청룡, 남산은 우백호로 해야 한다. 현 위치의 경복궁은 양택 이론으로 따졌을 때 명당도 아니고 좌향도 맞지 않는다. 서울의 산세로 보아 인왕산이 주산이라는 것은 앞에서 설명했다. 현 위치에서 인왕산 밑인 서쪽으로 더 가서 있는 혈 위에 근정전과 교태전을 지어야 하고, 좌향은 동향으로 해야 자연에 맞는 것이다. 양택에서 집의 좌향은 패철에 의해 동·서·남·북으로 정하면 안 되고 반드시 기의 흐름에 맞춰야 한다.

이런 오류들이 옛날부터 지금까지 반복되는 것은 중국 풍수이론 책들이 잘못되었기 때문이다. 또한 숨은 자연의 이치를 제대로 해석하

▌경복궁에서 본 인왕산
산줄기가 동서향을 향해 팔을 두르듯 싸안고 있다

지 못한 풍수학자나 풍수가들에게도 책임이 있다. 맥은 백두산에서 오지 않는다. 풍수는 바람과 물의 작용이 아니고 기와 지하수의 상호작용이다. 또한 풍수는 주역과 오행과 패철로 길흉화복을 점치는 동양철학이 아니며 자연의 기를 어떻게 잘 이용하여 인간생활에 기여할 것인가를 연구하는 자연과학이다. 그리고 길흉화복은 하늘에 맡겨야 한다.

　　풍수는 기본 틀을 자연의 흐름과 기의 파동에 맞게 했을 경우에 1천 년은 간다. 신라가 바로 여기에 해당한다. 세계 역사상 단일 왕족이 1천 년을 유지한 나라는 신라뿐이다. 신라 때 의상대사가 지었다는 『산수기山水記』라는 책에 보면 '한양에 도읍을 정하려는 이가 만약 스님의 말을 듣고 따르면 그래도 나라를 연존延存시킬 수 있는 약간의 희망이 있도다. 그러나 정鄭씨 성을 가진 사람이 나와서 시비하면 5대代도 지나지 않아 임금자리를 뺏고 빼앗기는 재앙이 있을 것이며, 도읍한 지 2백 년쯤 뒤에는 나라가 위태로운 국난을 당하게 될 것이다'라고 쓰여 있다. 여기서 말하는 스님은 무학대사를 지칭하는 것이요, 정씨는 정도전을 말한다. 그리고 위태로운 국난이란 임진왜란을 뜻하는 것으로 이 책의 기록은 8백 년 앞을 내다본 것이다. 이것이 실제 가능한 것이다. 기의 흐름과 파장을 정확히 알았을 때는 시공을 초월할 수 있기 때문이다.

만약 무학대사의 의견대로 인왕산을 주산으로 하여 그에 맞는 위치에 경복궁을 지었다면 우리나라의 역사는 바뀌었을 것이다. 현재 경복궁의 방향은 기의 흐름과 정면으로 배치되기 때문에 조선의 역사가 5백 년으로 끝난 것이다.

음과 양의 조화가 깨지면 음의 기운이 왕성하여 여자의 주장이 강해진다. 여자의 주장이 강해지다보니 조선시대 외척 정치 시대가 형성된 것이다. 풍수지리란 음과 양의 조화를 자연에 맞추는 학문이다. 그런데 음과 양의 조화가 깨지다보니 당파싸움이 형성되고, 상생 정치가 아닌 상극의 정치를 하게 되었고, 여자가 강하다보니 외척이 득세한 것이다. 이러다보니 자연히 국력이 약해지고 그래서 조선이 망한 것이다.

청와대의 위치는 바뀌어야 한다 . . .

청와대의 뒷산 북악산은 음룡이며 서울의 산세로 보았을 때 좌청룡에
해당한다. 따라서 청와대는 북악산의 오른쪽 옆구리에 해당되는 음지
이므로 그 장소에 집을 지어서는 안 된다. 풍수지리에서 청룡은 장자나
아들로 보는데, 청와대 자리는 음룡 밑의 음지이며, 청룡의 옆구리에
집을 지어 청룡의 옆구리가 터진 형상이다. 『장경』에서는 이를 '상기흉
협傷其胸脇 조혈모곡朝穴慕哭' 이라고 표기하고 있다. 이미 음양의 조화는
깨져 있어 여자의 주장이 강해지고 상생의 정치는 힘들어 항상 입주자
의 주장과 정치는 역행하게 된다. 또한 청룡의 옆구리가 터졌으니 입주
자의 아들이 말썽을 피우거나 구설수에 오르게 되어 있다.

　　지금의 청와대 위치는 맞지 않으므로 서울의 산세와 기의 흐름
에 맞게 옮겨져야 한다.

　　재차 강조하건대 풍수지리는 주역과 오행과 패철로는 자연의 이
치를 알 수 없으며 길흉화복을 점치는 학문이 아니다. 자연의 이치를
연구하고 자연에 있는 기를 인간 생활에 유용하게 이용하기 위해 연구
하는 자연과학이다. 길흉화복은 이 자연의 이치를 어떻게 이해하고 따
르는가에 따라 주어지는 결과이다.

대학캠퍼스 명당 사례
- 동국대, 한양대

사찰뿐 아니라 유서 깊은 주요공공건물에도 혈이 맺힌 곳이 많다. 여기에서는 필자가 다녀본 대학캠퍼스 두 곳의 명당사례를 소개한다.

동국대 서울캠퍼스 명진관 부근 . . .

동국대는 원래 신라 때부터 절터였던 곳을 일제가 신사로 탈바꿈시킨 곳이다. 이곳을 해방 이후 동국대가 차지하면서 1950년대 후반에 명진관이 세워지는 등 변화가 있었다.

　　1960년대에서 70년대까지 본관으로 사용되었던 명진관은 남산 쪽에서 내려온 기맥선을 따라 작은 혈이 9개가 나란히 맺혀 있다. 그리고 대혈은 광장 쪽에 3개가 맺혀 있다. 9개 혈 위치에서 광장의 가운데 대혈을 향해 조망하면 멀리 산등성이와 조화가 이루어짐을 볼 수 있다.

▌ 동국대 명진관(상), 동국대 광장(하)

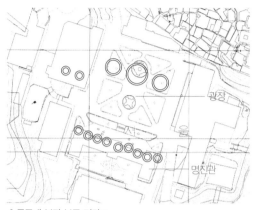

▌동국대 본관 부근 명당도
옛 본관인 명진관은 9개의 작은 혈이, 광장에는 3개의 대혈이
물려 있다

원거리의 좌청룡, 우백호, 주산, 안산의 사신사가 완벽한 조화를 이루고 있는 것이다. 전형적인 외기풍수의 명당이자 산룡山龍 명당에 해당하는 곳이다.

명진관은 과거 오랫동안 대학본부로 사용되었는데, 언제부터인가 교양학부 강의동으로 바뀌었다고 한다. 이곳은 대학본부나 좀더 많은 연구를 하는 두뇌집단이 사용하는 것이 바람직하다. 사실 과거 70년대까지 동국대는 우리나라 인문학의 인재들이 모여서 국학의 융성을 논했던 전통이 있었는데, 지금은 그 힘이 많이 쇠락한 듯하다.

또, 3개의 대혈이 맺힌 광장부는 많은 학생들이 모이는 곳이므로, 좀더 접근이 쉽도록 하거나 그 위상에 맞는 시설과 용도로 조정하는 것이 바람직하다고 하겠다.

한양대 서울캠퍼스 본관 부근 . . .

한양대학교는 한북정맥이 마지막으로 뻗쳐내린 산줄기 끝에 자리잡은 바위산인 행당산을 캠퍼스로 하고 있다. 한양땅을 설명한 그림에서 보면 한양대 캠퍼스는 중랑천과 한강이 합수하는 곳으로 대학이라는 단일 기능을 갖는 곳으로는 매우 좋은 터라고 할 수 있다.

캠퍼스가 넓으므로 본관을 중심으로 해서 대혈만 찾아서 측정을 해보니, 모두 9개의 대혈이 있음을 알 수 있었다. 이곳의 대혈들은 건물들에 물리지는 않았지만 공과대학 학생들이 다니는 길목 내지는 자주 사용하는 공연장이나 운동장이었던 곳에 위치하고 있다. 이 학교는 공과대학이 유명한데, 이와 무관하지 않을 것으로 생각된다.

❙ 한양대 본관
본관 현관 왼쪽과 사자상 앞이 대명당이다

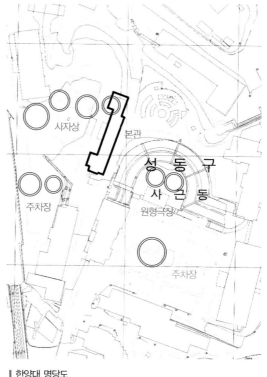

┃ 한양대 명당도

　　차후 비보를 한다면 혈자리로 판명된 곳에 건물은 짓지 않더라
도 학생들이 사색하거나 편히 쉴 수 있는 장소로 바꾼다면 의미가 클
것이다.

4부

심혈의 바른 응용과
새로운 장묘문화

풍수 공부는 어떻게 해야 하나

풍수 공부는 풍수책을 많이 보거나 간산看山을 많이 한다고 되는 일이 아니다. 오랜 세월 간산을 다니며 풍수를 논하는 사람이나 패철을 놓고 이리저리 따지는 사람이나 모두 헛공부하고 있는 것이다. 세상을 기만하고 자기를 기만하는 사술에 지나지 않는다.

명당을 쓴다는 것은 결국에는 시침施鍼 능력에 달려 있다. 아무리 형세에 밝아도 체백을 모실 자리인 1.2평의 경계를 정확히 재단하지 못하면 무슨 소용인가. 설사 요행수로 그 자리를 안다 해도 한 치 두 치의 오차까지 따지는 천광의 깊이 문제로 들어가면 오리무중일 수밖에 없다.

수맥 감정 능력과 명당 판별은 별개의 것 . . .

최근 들어 수맥 감정 능력을 내세워 명당 자리를 찾을 수 있다고 주장하는 이들이 많아졌다. 그러나 이는 어불성설이다. 수맥은 파괴적인 파장을 갖고 있어서 위험을 느끼는 동물적 감각으로 쉽게 감정할 수 있지만 기맥은 그렇지 못하다. 자연과 합일되는 경지에 이르지 않으면 어렵다.

초식동물은 예외 없이 그런 감각이 발달해 있고 고양이과의 동물도 이러한 기감을 쉽게 느낀다. 감히 단언하건대, 아마도 필자의 능력을 객관적으로 검증한다면, 고양이가 느끼는 감각의 몇 배에 해당하는 감지력이 있는 것으로 나타날 것이다.

그렇다면 이러한 감각은 어떻게 얻을 수 있는가.

우선 이러한 감각을 지니려면, 무엇보다 타고난 자질이 있어야 한다. '보이지 않는 세계' 의 관점에서 논하면, 심안을 가지는 풍수가의 자질은 몇 대에 걸친 전생의 인연이 있어야 가능하다고 본다.

언제부터인가 필자는 스스로 그러한 사실을 알게 되었고, 그 이후로 엄청난 무게의 책임감 속에서 하루하루를 살아가고 있다. 필자의 인생과 능력은 내 것이 아니라 우주자연으로부터 받은 것이라고 생각하다보니 자부심보다는 하늘과 땅에 빚지고 있다는 생각이 훨씬 강하다.

타고난 자질을 깨달았다면, 그 자질을 연마하여 자연과 합일되는 세계로까지 자신을 끌어올려야 한다. 그러한 노력 없이 자질만으로는 아무 소용이 없다. 필자는 어려서 그러한 능력을 자각하고 난 후, 명산고찰과 산하를 누비며 완성의 단계에 이르렀다고 느낄 때까지 30여 년간 스스로를 연마해왔다. 어릴 적부터 심안을 가졌으면서도 흔들림 없는 확신의 경지에 이르기까지 그렇게 오랜 세월을 보낼 수밖에 없는 것이 이 세계의 섭리이다.

그러므로 '자질' 을 가졌다고 생각하는 이들은 먼저 진실로 자신이 그러한 능력을 가졌는지 진지하게 성찰해야 한다. 이 세계는 일반 사회인의 삶과 달라서 인생의 모든 것을 포기해야 하는 곳이다. 가족과 자식마저 손놓고 살아야 하는 세계이다.

자연과 합일되는 경지 . . .

그렇다면, 스스로 자질이 있다고 판단될 경우 그 자질을 어떻게 연마할 것인가?

1) 명상
2) 바른 호흡과 자세
3) 마음을 비우고 자연과의 합일점을 찾는 과정

이 세 가지 과정을 반복해야 한다. 호흡법은 따로 추구할 필요가 없다. 비워진 마음의 집중이라고 할까. 자연과 합일되는 무아의 경지를

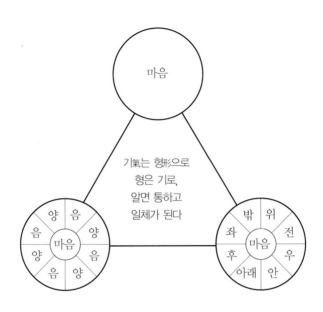

마음

기氣는 형形으로
형은 기로,
알면 통하고
일체가 된다

양 음
음 양
양 마음 음
음 양
음 양

밖 위
좌 마음 전
후 우
아래 안

| 마음의 원리

체험하려는 시도를 반복하다보면 어느새 그것이 습관화되고 체질화되어 자연의 마음이 갖춰진다. 이것이 수련의 요체이다.

이러한 수련을 통해서 능력이 갖춰지면, 사리사욕은 없어지고 자연과 세상에 대한 의무만 남게 됨을 자각한다. 또한 도道라는 것은 깊은 산속에서 수행하는 것으로 완성되는 게 아니라, 수행의 결과 얻은 능력으로 세상을 위해 일함으로써 완성된다는 것을 알게 될 것이다.

올바른 풍수관 - 시대정신과 풍수관 **. . .**

지금까지 기학의 입장에서 풍수를 논해온 것은 풍수가 하나부터 열까지 기의 세계이기 때문이다.

지형 읽기를 바탕으로 하는 통상적인 풍수공부를 통해 도달할 수 있는 것은 양택풍수이다. 양택을 선택할 경우 명당의 기 호흡작용으로 자연의 이치와 인간의 기가 일치한다. 이것도 음택과 마찬가지로 하늘과 땅의 뜻에 따라 움직인다. 그러니 양택 공부도 엄청난 노력을 들여야 비로소 보인다.

양택의 경우, 자연적인 지형지세의 의미를 관찰하고 분석적 통합적 논리의 세밀한 구축을 통해 최선의 대안을 찾을 수 있는데, 이것은 굳이 풍수의 옷을 빌리지 않더라도 가능한 일이다.

서양의 뛰어난 건축물이나 조경 작품들은 이 치밀한 과정을 거친 것이다. 그러한 건축물을 필자가 검증해보니 위치상의 한계 때문에 혈은 맺혀 있지 않을지언정 건물의 좌향만은 기맥선의 방향에 부합되게끔 자리잡고 있었다. 적어도 그 안에 사는 사람들은 큰 탈 없이 살 수 있다. 바로 이것이 보이지 않는 세계의 원리이다.

문제는 이러한 과정과 노력을 거치지 않은 채 설립자 임의로 자기 입맛에만 맞게 짓는 양택시설들이다. 가령, 조선조 이후 신축한 사찰들이 대부분 이와 같고, 특히 최근 백 년 동안 지어진 사찰이나 주요 건물들 대부분이 문제가 심각하다.

풍수를 좀 본답시고 여기저기 이 땅의 흐름을 망쳐놓은 현학자

들 때문에 절집에 가서 소원을 빌고 정신을 맑게 해야 할 이 땅의 중생
들만 괴로운 것이다.

　한번 지어진 건물은 수십 년, 수백 년을 간다. 그러므로 지을 때
잘 지어야 한다. 아무리 심사숙고해도 지나치지 않는 것이 이러한 양택
짓기이다. 치밀한 논리적 과정을 거치는 노력이 없는, 그리고 마음으로
공들이는 정성이 없는 임의의 집짓기는 이제 그만하는 것이 땅에 대한
도리이다.

혈토六土와 명당의 기운

세계 최고의 우리 도자기 빛깔 . . .

천하제일의 비색, 고려청자에 대한 우리 국민의 관심은 과연 어느 정도인가. 외국인들도 감탄해 마지 않는 우리 겨레의 문화유산을 혈토와 명당의 관점에서 다시 바라볼 필요가 있다.

　　　다음 신문 기사는 그러한 우리의 자부심에 정당성을 부여해주기에 여기에 인용한다.

영롱한 비췻빛에 어린 '청어람' 묘미

　　우리 겨레의 문화유산 가운데서 세계적인 자랑거리를 들라면 으레 고려청자가 빠질 수 없다. 왜냐하면 고려청자야말로 우리나라를 세계 도자기사의 선구로 자리매김을 하게 한 독창적인 문화유산이며, 우리 선조들이 창조한 세계적 수준의 자랑스러운 예술품이기 때문이다. 이것은 결코 우리들의 자화자찬이 아니고 유수의 전문가들이 이구동성으로 평가하는 바다.

지난 세기 초 일본에 가 동판화를 공부하다가 조선 도자기에 매료되어 도예가의 길로 전향한 영국의 세계적 도예 이론가인 버나드 리치는 백자에 엷게 비치는 청색을 보고 '이 색을 낸다면 사람들을 얼마나 행복하게 할 수 있을까!'라고 두 손으로 머리를 감싸면서 감탄했다고 하며, 같은 영국의 한 박물관 도자기 부장인 윌리엄 보여 허니는 『중국 및 극동 각국의 도자기』(1945년)란 저서에서 '최상급의 한국 도자기는 세계 도자기 중에서 가장 우아하고 진실하며 도자기가 가지는 모든 장점을 구비하고 있으니, 그것은 행복한 민족의 소산임을 첫눈에 말해주고 있다'라고 격찬을 아끼지 않는다.

청자를 비롯한 자기의 원조는 자기들의 나라라고 자부하는 중국사람들조차도 고려청자 앞에서는 다소곳해지고 만다. 고려청자가 한창 전성기를 누리고 있을 때인 1123년에 송나라 사신으로 고려에 온 서긍徐兢은 고려사람들은 도자기 중 색이 푸른 것(즉 청자)을 비색翡色이라고 부르는데, 솜씨가 뛰어나고 색깔이 더욱 좋아졌다고 하면서, 차마 낫다는 말은 못하고 당시 송나라에서 새로 나온 여요汝窯의 청자와 '비슷하다'고만 말한다. 그러나 같은 송대 사람인 태평노인은 세상에서 으뜸가는 것들만을 골라서 소개하는 책자에서 '고려 비색(즉 청자)이 천하제일이다'라고 사실을 실토하고 만다. 고려청자를 비롯한 우리나라의 도자기에 얼마나 매료되었으면 평생을 그 연구에 바친 외국 도예인들도 있다.   (한겨레신문 2005년 2월 1일자)

옛 청자 파편에서 뿜어져나오는 기氣...

아시다시피 임진왜란은 도자기전쟁이었다. 이 당시 건너간 '이도'라는 찻그릇이 일본에서 백미 1만 석에 거래되었다 하니 이는 우리 도자기가 얼마나 우수한지를 입증하는 것이다. 오늘날에도 소더비 경매장에서 가장 비싼 값에 거래되는 도자기는 고려청자와 조선백자의 진품들이다.

어떻게 해서 이러한 작품이 나오게 되었는가? 현대 과학자들은 그 비밀을 여러 각도에서 규명하려 하지만 아직 확실한 이유는 밝히지 못하고 있다. 다만, 지금까지 알려진 바로는 명품 자기에는 극소량의 인燐이 들어 있다는 것이다. 그래서 영국에서 개발한 본차이나는 아예 소뼛가루를 넣어서 만들기도 한다.

필자는 고려청자로 유명한 강진 일대를 돌아보면서 옛 가마터의 청자 파편을 유심히 살펴보았는데, 그 유명했던 가마터의 파편들에서

▌신비한 비색이 감도는 고려청자

는 예외 없이 강한 기가 발산되고 있었다. 살아 있는 기운을 머금고 있는 그것은 생기토生氣土, 즉 명당의 흙으로 만들어진 자기였다. 일본 오사카의 동양도자박물관을 방문한 적이 있는데 거기에서 전시되는 우리의 옛 작품 중 대다수가 그러한 작품이었다. 신비의 비색은 청자뿐 아니라 백자에서도 뿜어져나왔다.

고추장 맛이 기막히게 변하다 . . .

흔히 말하기를 좋은 옹기는 흙을 숨쉬게 하므로 그곳에 담은 장이나 김장 맛이 좋다고 한다. 필자가 보기에는 그뿐이 아니다. 거기에 더해 좋은 흙이라는 요소가 필요하다.

필자는 혈토가 고추장 맛을 어떻게 변화시키는지를 실험해본 적이 있다. 시중에 파는 고추장을 조그만 통으로 2개 사서 개봉하고 그 중하나에 비닐로 싼 혈토를 넣어두었다. 그리고 보름 뒤에 맛을 보니 맛이 기막히게 변해 있었다.

우리 도자기의 비밀 – 가마터와 흙 . . .

도자기에 스며 있는 명당 흙의 기운은 내용물뿐 아니라 주변에 좋은 기 감응을 가져오고 가까이 접하는 사람에게는 신비로운 느낌을 준다. 스님들을 비롯하여 자연의 기를 가까이 하는 이들은 이를 체감한다. 청자와 백자의 신비스런 푸른색은 바로 이러한 혈토 기운이 현재화된 것이다.

흙과 더불어 우리 도자기가 신비로운 또 하나의 이유는 도자기를 구운 장소, 즉 가마터가 명당이기 때문이다. 현지를 답사해보면 옛날 고려청자와 조선백자의 진품이 생산된 가마터는 명당자리였다.

명당의 기운은 온도가 높을수록 강하게 작용한다. 섭씨 1200도를 넘나드는 불꽃 속에서 명당의 기가 넘치도록 강하게 넘실거리며 도자기 몸체를 감싸면서 스며들었을 것이다. 불을 만나면서 기의 상승작용이 일어난 것이다. 아직도 유명한 작품으로 인정받는 전통가마터는 이런 명당자리에 물려 있다. 필자가 이천의 어느 유명한 옹기가마에 가

보니 경사진 장작가마터의 마지막 위쪽이 명당에 물려 있었다.

혈자리에 있는 흙은 기를 머금고 있다. 혈토六土, 즉 명당토는 생기토生氣土라고도 한다. 혈토는 보통 3만 년 내지 10만 년을 기를 받아 응축된 것이다. 그리하여 명당토로 만든 도자기는 명당기운을 영구적으로 발산한다.

이런 혈토로 만든 도자기에서 극소량의 인燐이 발견된 이유는 크게 두 가지이다. 하나는 명당이 동물들의 휴식처로 곧잘 이용되므로 그곳에는 동물들의 배설물이 많은데, 배설물에는 인이 많다. 인은 잘 분해되지 않는 물질이다. 또 하나의 이유는 명당에서 동물의 뼈는 완전히 분해되지 않고 황골黃骨로 잔류하기 때문이다. 그 지형이 형성된 이후 혈자리에서 사망한 동물들의 뼈가 오랫동안 그 흙에 섞여 있는 것이다. 명품 자기는 뼈가 들어 있어서 명품이 아니라, 뼈가 남아 있을 정도의 명당의 기운을 간직한 흙으로 만들어졌기 때문에 명품인 것이다.

생명을 불어넣는 작업 ● ● ●

좋은 도자기는 흙이 살아 있고, 어떤 내용물을 담아두든지 그 내용물의 독성을 제거하고 좋은 기운을 파급하는 결과를 가져온다. 우리의 옛 도공들은 그 사실을 알았다. 그리하여 그것을 체득하고 자연스럽게 작품들을 만들어낸 것이다.

명품 도자기에서 빠뜨릴 수 없는 또 하나의 조건은 명당수이다.

용천수라고도 하는데 이 물을 사용하여 점토를 만들고 유약도 만든다. 거기에 도공들의 절치부심하는 정성과 기술이 보태져서 진품도자기가 탄생하는 것이다.

즉, 물과 불과 흙이 어우러져서 삼원三元합일의 원리로 살아 있는 생명체를 빚어내는 예술이 바로 도자기이다. 우리의 도자기가 세계적으로 찬탄의 대상이 될 수밖에 없는 비결이 바로 여기에 있다.

모든 유기물의 저장 · 숙성에 탁월한 효력이 있다 . . .

앞에서 고추장의 예를 들었지만 혈토는 모든 유기물의 보관과 저장에 탁월한 효력을 발휘한다. 특히 발효식품은 발효과정에서 혈토의 기운이 작용하는 건지 전혀 다른 맛이 나는데 감칠맛이 그것이다. 아마도 발효과정에서 혈토가 분자의 세포구조를 변형시키는 듯하다.

종종 유럽의 와인 이야기를 들어보면, 같은 와인이라도 숙성시키는 장소에 따라서 맛이 다르다고 한다. 명가의 와인은 숙성장소가 유서 깊은 곳이라고 하는데, 그게 바로 이 원리인 것이다. 명당은 당연히 숙성의 원리가 작용하고, 혈토 또한 명당의 기운을 몇 만 년 동안 머금었기 때문에 명당과 똑같은 기운을 방사한다.

우리의 명품 자기나 옹기는 이와 같은 원리를 응용한 사례인데, 술이나 김치, 간장, 된장 등의 발효식품뿐 아니라 육류, 농산물 보관, 화장품 등에도 똑같은 원리가 적용된다. 그 응용분야는 무궁무진하다.

앞으로의 장묘문화

우리의 전통적 효孝 사상과 매장에 따른 음택풍수陰宅風水에서 비롯된 묘지 문제는 좁은 국토의 효율적 이용 측면에서 바람직하지 못한 영향을 주고 있다.

사람이 죽고 난 후에 치르는 장법葬法은 동서양을 막론하고 가장 기본적인 형태가 땅을 파서 시신을 묻는 매장이다. 그러나 매장 중심의 장묘문화는 산 사람들의 생활공간을 잠식하고, 자연환경을 파괴하는 등 적지 않은 문제점을 남기고 있다.

그래서 정부는 2001년 1월 13일부터 기존의 〈매장 및 묘지에 관한 법률〉을 〈장사 등에 관한 법률〉로 고쳤다. 즉 개인 분묘의 크기는 80㎡(24평)에서 30㎡(9평)로, 공동묘지에서는 30㎡(9평)에서 10㎡(3평)로 축소하기로 했다. 또한 매장한 경우에도 최초 매장 후 15년이 지난 뒤 세 번까지만 갱신할 수 있게 하여 모두 60년 이상은 매장할 수 없도록 했다.

매장 형식의 장법은 동기감응을 전제로 한다. 즉 조상을 좋은 곳에 장사지냄으로써 조상의 유골을 매개체로 땅속에 있는 자연의 생기를 자손에게 전하기 위해 만들어진 전통이다.

그런데 현재의 매장 방법으로는 자연에 있는 좋은 기를 후손이 받게 할 수 있는 정확한 방법을 아는 풍수가가 없으므로, 후손은 좋은 동기감응이 아닌 나쁜 동기감응을 필연적으로 받게 되어 있다. 이와 같이 나쁜 동기감응을 받지 않기 위해서는 화장하는 편이 후손들에게도 좋고 국가적으로도 이득이 될 것이다.

땅을 가려 장사지내기 어렵다 . . .

공자孔子는 '땅을 잘 가려 장사지내라' 했고, 정자程子는 '땅을 가리는 자는 그 땅의 길흉을 가리라. 땅이 아름다우면 신령神靈이 편안하고 그 자손도 성盛할 것이다' 라고 했다. 한편 주자朱子는 '땅이 불길하면 반드시 물이 고이거나 개미나 기타 벌레 등이 시신을 해치게 되어 자손이 사망하거나 대代가 끊어지는 근심이 있으니 두려운 일이다' 라고 했다. 이와 같이 옛 성현들은 땅을 가려 장사지낼 것을 강조했다. 이 좋은 땅은 우리가 말하는 명당으로 현재 명당은 있는데 찾을 줄 아는 사람이 없어 여러 가지 문제점이 생긴 것이다.

우리나라는 산이 많아서 명당과 장사지내기 나쁜 물구덩이 땅으로 크게 구분되며 그 성질 면에서 크게 차이가 난다. 대부분의 땅은 두

자(60센티미터) 간격으로 지하수가 흐르며 여름철 장마 때는 땅속 세 자(90 센티미터)까지 물이 스며든다. 또한 천광을 하다보면 풀뿌리가 세 자(90센 티미터)까지 땅속으로 내려오며 네 자에서 다섯 자까지도 내려온다.

나무는 수분과 영양분을 흡수하기 위해 나무의 키만큼 주변으로 뿌리를 내린다. 또한 지하 지층의 경계면에 있는 땅에 금이 가거나 지면이 내려앉은 곳도 있다. 이러한 여러 가지 자연 조건을 감안하여 시신을 매장해야 하는데 이를 전적으로 무시하고 땅위에 있는 형상만 보고 좋은 곳이라고 판단하여 시신을 매장하거나, 풍수가의 말을 전적으로 믿고 시신을 매장한 것이 지금까지의 장묘문화였다. 그러다보니 매장으로 인한 피해가 눈에 보이거나 안 보이는 상태로 필연적으로 후손들에게 일어나게 된 것이다.

현재 우리나라에는 명당이 무한대로 있는데 이 혈을 찾을 수 있는 사람은 거의 전무한 상태다. 중국 풍수지리이론이나 패철로는 절대 혈을 찾을 수 없다. 만약 혈을 찾을 수 있고 혈에 맞게 장례를 치를 수 있는 사람을 만나 장례를 치를 수 있다면 천만다행한 일이지만, 그렇지 못하면 화장火葬해야 한다. 화장은 조상과 후손과의 동기감응을 일으키는 조상의 유골이 없으므로 좋고 나쁘고의 영향이 없다.

화장은 바람직한 방향 . . .

오랫동안의 관습 때문에 화장하는 것을 마치 조상에게 큰 죄를 짓는 것처럼 많이들 생각하는데, 앞서 우리나라의 땅의 구조를 설명했듯이 이런 나쁜 땅에 매장하면 반드시 조상도 고통받고 후손도 눈에 보이지 않는 피해를 받게 된다. 그러니 조상의 고통을 덜어준다는 의미에서 인식의 변화가 필요하다.

현재 화장을 하여 강이나 바다에 뿌리거나 땅에 묻는 것은 전통적으로 내려오는 관습에 맞지 않는다 하여 납골당이라는 새로운 장묘문화가 생기고 있다. 이는 좋은 현상이라고 생각한다.

혈자리에 납골당을 가족 단위나 친족 단위로 만들 경우, 석굴암의 축성원리를 적용해야 하고, 내부 공간에 바람이 잘 통하고 습기가 차지 않게끔 해야 한다.

화장장火葬場에서는 화장한 후 강이나 바다에 뿌리는 유족들에게 일괄 처리할 수 있는 시설이나 방법을 계몽하는 등 환경오염 방지에 진일보하는 방안이 필요하다.

결론적으로 풍수지리란 자연에 순응할 수 있는 방법을 제시하는 학문이므로 구태에서 벗어나 시대적인 사항을 고려해야 한다. 자연적인 여건상 명당은 많이 있는데 그것을 찾을 줄 아는 인적인 요소(풍수가)가 부족한 탓으로 나쁜 땅에 매장하는 경우가 허다한데, 이제는 조상과 후손 모두 고통받는 매장 방법에서 벗어나 양쪽에게 피해가 가지 않는 '화장' 방법을 사용해야 한다. 옛날의 고정관념에서 벗어나 자연을 알아야 할 것이다.

유골함의 문제 . . .

다만, 현재의 유골함은 전통적 관리 비법을 잃어버려서 뼛가루가 벌레 먹는 바람에 유골이 유실되는 현상이 많이 일어난다. 이를 개선하기 위해 필자는 혈토(생기토)로 만든 유골함 도자기가 필요하다고 본다.

혈토 유골함의 장점은 첫째, 자연살균력이 강해 벌레가 서식하지 못하므로 안전하고 영구적인 보관이 가능하다는 점과 둘째, 무엇보다 명당터의 유골함을 안치시키는 것과 유사한 효과가 있다는 점이다.

이 문제는 매우 시급하고 중요한 과제이다.

납골당을 명당에 . . .

지금까지의 납골당을 보면 아무런 원칙 없이 지은 곳이 많다. 풍수를 본답시고 지형의 객관적 상황을 무시한 채 풍수가의 입맛대로 자리를 잡고 건물을 앉힌 결과, 자연지형의 순리를 거스르는 이상한 납골당이 되고 만 사례가 많다. 유명한 납골당이라고 해서 필자가 답사해보면 똑같은 잘못을 저지르고 있다.

일반인이 납골당 자리를 잡을 경우, 혈자리에 잡기는 어려울지라도 지형에 대한 기초상식만으로 하나하나 따져서 자리를 잡으면 적어도 기맥선과는 좌향을 일치시킬 수 있다. 순리대로 하면 그곳에 안치되어 있는 유골뿐 아니라, 그곳을 드나드는 후손들은 알게 모르게 좋은

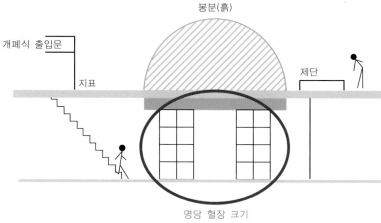

봉분(흙)

개폐식 출입문

지표

제단

명당 혈장 크기

| 가족납골묘 개념도

영향을 받지 않겠는가?

　　필자의 생각으로 작은 명당은 가족납골묘로, 큰 명당(81수 대명당)

은 문중 혹은 공공납골당으로 쓰는 것이 좋다. 크든 작든 납골묘나 납

골당은 지하에 건설하는 것이 원칙이다. 작은 납골묘는 그림과 같이 지

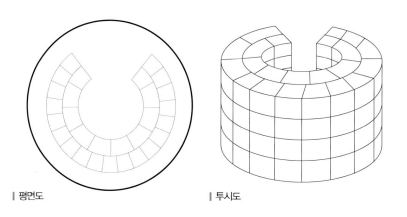

| 평면도

| 투시도

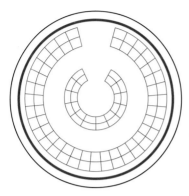

| 대혈의 경우, 문중 납골묘의 개념(지하평면도)

상에 보통의 매장묘와 같이 흙으로 봉분을 하고(돌로 하는 봉분이 아니다) 지하에 원통형의 납골함 박스를 설치한다. 이렇게 하면 가족의 조상 수십 기 정도는 이곳에 모실 수 있다. 대혈의 공공납골당도 원리는 같다. 다만 지상부에 구조물이 설치될 것이다.

공공납골당을 대명당에 짓고 그 안에 혈토로 된 유골함을 안치하면 일반명당에 매장하는 것과 대동소이한 효과가 있으며 많은 수의 안치가 가능하다. 물론 이렇게 한다고 해서 아무나 그곳에 들어갈 수 있는 게 아니다. 모든 것은 오직 세상의 이치와 인연에 의해 결정된다.

어찌되었든 하나의 납골당 안에는 수백, 수천 기가 들어설 수 있으므로 토지의 낭비가 없다. 이것이 국토 사랑 아니겠는가?

5부

우리 자연에 맞는

장경 葬經

제1장 기감편氣感篇

葬者 乘生氣也
장자 승생기야

蔣: 묻을 장, 장사할 장
乘: 탈 승, 오를 승

기감은 명당(穴)에 조상의 유골을 묻었을 때 이 유골은 땅속에 있는 생기生氣를 받아 자손에게 전달하게 되어 있는데 이를 동기감응同氣感應이라 하고 이때 유골은 기의 전달 매개체이다.

「장경」이나 중국 책들의 공통된 문제점은 기氣와 맥脈과 혈穴의 구분 없이 단순히 기氣로만 기술한다는 것이다. 책 속에서 이를 잘 구분하여야 한다. 기는 자연 속에 흩어져 있는 상태이며, 기가 모여서 돌고 있는 것이 맥이며, 맥이 땅 속에서 지하수를 만나 형성된 것이 혈이며, 맥은 혈을 형성하고 다시 돌면서 다른 장소에 혈을 형성하고 하나의 맥선은 天·人·地 세 개의 혈을 형성한다.

풍수지리의 음택陰宅은 이 동기감응을 전제로 하여 성립된 이론이다.

동기감응이란 사람을 비롯한 우주에 있는 모든 물체는 기를 가지고 있으며 같은 기를 서로 감응한다는 뜻이다. 무덤에 묻힌 부모나 조상들은 땅의 지기를 받아 유골에서 흐르는 기를 유전자가 닮은 후손에게 전달하는데, 이때 땅의 좋은 지기를 받아 후손에게 전달하면 복을 받고, 땅의 나쁜 기를 받아 후손에게 전달하면 화를 당한다는 게 동기감응이다. 죽은 사람에게서 어떻게 기가 흐를 수 있으며 호흡이 끊어진 생명체가 무슨 힘으로 전달한다는 말인가 하면서 동기감응을 부인하는 사람도 있을 것이다.

하지만 사람이 죽어 호흡이 끊어지고 삶을 영위하지 못한다고 해서 육체가 가지고 있던 모든 물질원소가 없어지는 것이 아니고, 부식되고 소멸되는 과정에서 조상과 후손의 기가 같은 종류라면 똑같은 기의 파장을 전제로 하여 상호작용이 일어날 것이라 간주하는바, 이것이 동기감응의 이론적 핵심이다.

조상의 기와 후손의 기가 교감한다면, 중요한 것은 어떤 기가 감응되는가의 문제이다. 조상이 좋은 기가 있는 곳에 있으면 좋은 기가 전달될 것이고, 나쁜 기가 있는 곳에 있으면 나쁜 기가 전달될 것이다. 그래서 좋은 기가 있는 곳을 찾아 조상을 장사지내어 땅 속의 좋은 기를 자손이 받도록 좋은 기가 있는 곳을 찾는 게 음택 풍수이론이다.

생기란 천기·지기 모든 물체의 기를 말하며 이는 풍수지리의 기본이다.

인간이 혈에서 나오는 운기雲氣·서기瑞氣를 감지하고 산과 물·바람을 판단할 수 있는 경우에만 풍수 일을 할 수 있는 것이지, 학문적인 논리에 매달리거나 패철에 의존하여 방향을 설정하는 수준의 사람은 풍수 일을 해서는 안 된다.

운기와 서기를 감지하고 생기와 살기를 판단할 수 있는 사람이어야 '기감을 터득하였다'고 할 수 있으며 이런 사람만이 풍수 일을 하여야 한다. 유골은 기에 감응되어 그것을 자손에게 전달하는데 이때 좋은 기에 감응되면 좋은 기를 자손에게 전달할 것이고 나쁜 기에 감응되면 나쁜 기를 자손에게 전달할 것이다.

그렇기 때문에 매장을 할 때는 좋은 땅에 매장하여 좋은 기인 생기生氣를 자손이 받을 수 있게 하여야 한다.

五氣行乎地中
오기행호지중

땅 속에는 五氣가 흘러다닌다.

五氣란 풍수지리 이론에 木火土金水의 五行이론이 첨부되면서 氣를 五氣로 분류하였는데, 五氣는 東 - 春 - 木氣. 西 - 秋 - 金氣. 南 - 夏 - 火氣. 北 - 冬 - 水氣. 中央 - 長夏 - 土氣를 말한다.

發而生乎萬物
발이생호만물

發 : 떠날 발, 움직일 발

글자대로 해석하면 기가 발하는 곳에는 만물이 잘 자란다는 뜻이다.

　기가 발하는 혈에는 땅 속의 기가 너무 세어 잡풀은 자라지 못하고 잔디는 연두색을 띠면서 잘 자란다. 또한 땅 속으로 들어갈수록 단단하여 나무는 잘 자라지 못하거나 뿌리를 내리지 못하고 통상 30년 이상 자라지 못한다.

　우주의 모든 물체는 기를 가지고 있으며 각각 특징의 기를 가지고 있다. 많으면 적은 것보다 못하다는 말과 같이, 초목에는 초목의 성장에 필요한 양의 기가 있어야 하는데 혈에는 기가 너무 많아 초목에는 오히려 안 좋다.

　산에서 혈을 찾을 때 풍수가들은 초목이 잘 자라는 곳이 명당이라고 해석하는데 이는 자연을 모르는 해석이다.

人受體於父母 本骸得氣 遺體受蔭
인수체어부모 본해득기 유체수음

受 : 받을 수, 담을 수

體 : 몸 체, 사지 체, 몸받을 체

於 : 대신할 어, 어조사 어

遺 : 남을 유, 끼칠 유, 줄 유

蔭 : 덮을 음, 가릴 음

사람은 부모로부터 몸을 받는데 여기서는 육체적인 몸보다는 유전인자로 해석하여야 할 것이며 동기감응의 전제조건인 동기同氣를 말하는 것이다.

자손은 부모로부터 유전인자를 받는데 이를 부모로 한정하지 말아야한다. 현대의학에서는 200년 전의 조상의 유골에서 자손과의 동일유전자 확인이 가능한데, 기의 전달은 그보다 더 오래간다고 보아야 한다. 예부터 3대에 한 번씩만 명당(穴)에 조상을 장사지내면 후손들에게 우환이 없다는 말과 같이 부모를 조상으로 해석하여야 하며, 사람은 조상으로부터 유전자를 받는데 조상의 뼈가 좋은 땅의 생기를 받으면 자손에게도 좋은 영향을 주게 되어 있다.

經曰 氣感而應 鬼福及人
경왈 기감이응 귀복급인

鬼 : 귀신 귀, 도깨비 귀

경에서 '기가 귀鬼에 감응하면 그 복이 살아 있는 사람에게 간다'고 말
하였다.

「장경」에서 經이라고 말은 「청오경」을 가리킨다.

是以銅山西崩 靈鍾東應
시이동산서붕 영종동응

崩 : 산무너질 붕

靈 : 신령 영, 신통할 영, 좋을 영.

銅山 : 중국 서촉西蜀 지역에 있는 산 이름. 서촉 지역에 동산銅山이라는 큰 산이 있
는 동광으로 유명했기 때문에 이 산을 銅山이라고 하였다.

靈鍾 : 중국 한漢나라 때 미앙궁에 있었던 鍾.

東方朔 : 漢武帝 때 사람으로 벼슬이 金馬山侍中에 이르렀고 해학과 변설로 유명하
며, 속설에 곤륜산에 있는 西王母의 복숭아를 훔쳐먹어 죽지 않고 장수하였기 때문
에 삼천갑자동방삭이라는 말이 생겼다고 한다.

한나라 미앙궁未央宮에서 어느 날 종이 누가 치지도 않았는데 저절로 울렸다.

황제가 이상하여 동방삭에게 鍾이 울린 이유가 무엇이냐고 물으니 서쪽에 있는 구리광산이 무너졌을 것이라고 하였다. 머지않아 서쪽에 있는 구리광산이 붕괴되었다는 보고가 들어왔으며 구리광산이 무너진 때가 未央宮의 종이 울린 때와 같았다.

황제가 동방삭東方朔에게 어떻게 이런 일이 있을 수 있는가 물으니 동방삭이 대답하기를, "이 종은 銅山에서 캐어낸 銅으로 만들었기 때문에 두 氣가 감응하는 것은 마치 사람이 그 부모로부터 몸을 받는 것과 마찬가지 일입니다"라고 하였다.

황제가 감탄하면서, "미천한 물체도 감응을 일으키는데 만물의 영장인 사람은 얼마나 많은 감응을 일으키겠느냐?"라고 말을 했다는 고사에서 연루된 말로써 서쪽에 있는 광산이 붕괴하니 동쪽에 있는 영종이 울렸다는 말이다.

기의 동기감응을 강조하는 내용인데 다소 과장된 측면이 없지 않다.

木華於春 粟芽於室

목화어춘 속아어실

華: 빛날 화, 꽃필 화

粟: 조 속, 곡식 속

芽: 싹 아, 비롯할 아

따뜻한 봄이 되면 자연의 기운에 의하여 나무에 꽃이 피고, 나무에 꽃이 피는 기운에 의하여 창고에 저장해둔 곡식에서 싹이 난다는 말이다.

앞의 구절에서는 광물의 동기감응을, 본 구절에서는 식물의 동기감응을 말하면서 동기감응을 강조하고 있다.

이 구절은 조선시대 성리학자性理學者들의 풍수무용론에 이용되기도 했다. 봄에 밤나무를 베어낸 후에 창고에 있는 밤이 싹이 나는지 안 나는지를 실험하자는 내용이었다. 당연히 밤나무를 베어내어도 밤은 싹이 나온다.

이는 동기감응을 강조하는 내용일 뿐, 실제 풍수지리에서는 사람의 동기감응만을 취급하여야 한다.

毫釐之差 禍福千里

호리지차 화복천리

毫: 긴털끝 호
釐: 털끝 리

털끝만큼의 차이가 나도 길흉화복은 천 리의 거리만큼 차이가 난다는
말이다.

우리가 흔히 말하는 한 치의 오차도 나선 안 된다는 말이다.
여기서도 「장경」의 모순점이 나온다. 무엇이 털끝만큼의 차이가 나도
안 된다는 것인지를 말하지 않고 있다. 그러다 보니 산세의 모양으로 해
석하여 산세의 形勢 차이가 털끝만큼 나도 진혈의 장소가 천 리를 도망
가는 것으로 해석하고 있다.
이 말은 천광穿壙을 할 때 형세편에 나오는 相水를 잘 보라는 뜻과 맥
의 깊이를 잘 알아서 파라는 뜻이다. 화복천리는 진혈의 위치가 천 리를
도망간다는 뜻이 아니고 相水와 맥을 파괴하면 혈(穴)도 파괴되어 길흉화
복의 차이가 천 리만큼 많이 난다는 뜻이다.

經曰 地有四勢 氣從八方
경왈 지유사세 기종팔방

勢: 권세 세, 형세 세
從: 좇을 종, 따를 종, 나갈 종

경에서 땅에는 동·서·남·북의 사방이 있고 기는 乾·坎·艮·震·巽·
離·坤·兌의 여덟 방위가 있다고 말하였다.

여기서 주역의 팔괘가 풍수지리에 첨가되고 있다. 자연에서 기는 상
하로 움직이고 수는 좌우로 움직이며, 물체는 앞과 뒤가 있고 內와 外가
있다.

夫陰陽之氣 噫而爲風 升而爲雲
부음양지기 희이위풍 승이위운

降而爲雨 行乎地中 而爲生氣
강이위우 행호지중 이위생기

夫: 여기서는 어조사
噫: 슬픔희, 한숨질 희, 여기서는 氣를 트림할 애

升 : 오를 승

降 : 항복할 항, 떨어질 강, 돌아갈 강

음양의 기는 내뿜으면 바람이 되고 오르면 구름이 되고 떨어지면 비가 되며, 땅 속으로 돌아다니는데 이것이 생기이다.

기의 이동을 쉽게 표현한 말이다. 수증기가 물이 되고 물이 얼음이 되 듯이 비물질이 결합하여 물질이 되면서 기를 생성하고 물질이 분해되면 서 기를 생성하는 것인데 이를 쉽게 표현하고 있다.

經曰 氣承風則散 界水則止
경왈 기승풍즉산 계수즉지

경에서 '기는 바람을 만나면 흐트러지고 물을 만나면 멈춘다'고 말하 였다.

이 말이 우리나라 풍수지리의 발전을 막고 잘못되게 하였다.

자연에서는, 기는 바람을 만나면 흩어지는 게 아니고 바람을 싫어하 여 바람이 없는 산등성 반대쪽 낮은 지역으로 흐르고 있으며 물을 만나 면 멈추는 것이 아니고 물을 통과한다. 맥은 바람을 피하여 다니고 물을 만나도 통과한다.

물에는 陰水(지하수)와 陽水(양수)가 있는데, 穴은 기맥이 땅속으로 흐르다가 가는 지하수(陰水)를 만나면 水의 작용으로 수맥파와 수맥분자를 분출한다. 혈은 이 수맥파가 기맥에 있는 陽氣와 陰氣에 +, -를 합치하여 스파크 현상을 이루고 있는 곳이다. 기맥은 한 곳에서 스파크 현상을 일으키고 난 후에는 다시 원을 그리면서 계속 돌고 있으며 기맥선에는 천·지·인 세 개의 혈을 맺는다.

古人聚之使不散 行之使有之 故謂之風水

고인취지사불산 행지사유지 고위지풍수

「장경」을 지은 곽박은 晉나라 사람으로, 그 이전 사람들은 기는 바람을 만나면 흩어지기 때문에 藏風을 하여야 하고 기는 돌아다니다가 물을 만나면 중지하므로 得水를 하여야 한다고 하였다.

장풍과 득수가 잘되어 있는 땅에 좋은 혈이 맺는다고 하여 현재까지도 장풍득수에 의존하고 있다. 그래서 藏風에서 風자와 得水에서 水자가 합쳐져서 風水라 한다. 현재까지 우리나라는 이 장풍득수의 말로 인하여 大穴은 못 찾고 작은 혈로 만족하였다. 큰 혈은 주로 밭이나 논에 있다.

風水之法 得水爲上 藏風次之
풍수지법 득수위상 장풍차지

풍수의 秘法은 得水가 으뜸이요 장풍이 그다음이다.

　실제 자연에서 穴은 이미 1만～5만 년 전에 주위에 있는 산과 물(陽水) 등에 의하여 형성되어 있기 때문에 藏風과 得水는 참고사항이고 맥은 바람을 싫어하여 바람이 없는 곳으로 피하여 다니고 있다.

何以言之 氣之盛雖流行 而其餘者猶有止
하이언지 기지성수류행 이기여자유유지

雖零散而其深者 猶有聚
수령산이기심자 유유취

盛: 성할 성

雖: 비록 수, 벌레이름 수

餘: 나머지 여, 남을 여

猶: 오히려 유, 같을 유, 한가지 유

기의 흐름이 왕성함을 어떻게 말할 수 있느냐? 氣라는 것이 원래 흘러 다니는 것이지만 그 여력이 남아 있다고 보고, 그 남아 있는 혈을 방혈傍穴 이라 하여 사용하는 수가 있었다. 용맥을 따라 흐르는 기가 왕성하면 여기는 분산되어 흩어지지만 땅이 깊은 곳에서는 기의 모임이 있을 것이다.

땅에서 맥은 원圓을 돌면서 기맥에 세 개의 穴을 맺고 있다. 그 혈과 혈 사이의 간격이 좁고 진 것의 차이는 주위에 있는 사신사四神砂와 그 산의 유순함과 지하수로 인한 것이다.

故藏於涸燥者宜淺 藏於坦夷者宜深
고장어후조자의천 장어탄이자의심

藏: 감출 장, 숨길 장

涸: 마를 후, 막을 후

燥: 마를 조

宜: 옳을 의, 마땅할 의

淺: 물얕을 천

夷: 오랑캐 이, 평평할 이

深: 감출 심, 물깊을 심

매장시埋葬時 천광穿壙의 깊이를 나타낸 말로 높은 곳에는 얇게, 평평한 곳에는 깊게 하라는 말이다.

실제로는 기맥선 깊이까지를 파야 한다. 기맥선의 깊이는 산에는 1~10자 사이에 있고 평지에서는 1~20자 사이에 있으므로 깊이를 정확히 알아야 하며 기맥선보다 깊이 파면 혈이 파괴된다.

經曰 淺深得乘 風水自成
경왈 천심득승 풍수자성

경에서 기맥선의 깊이를 알아 좋은 기를 얻을 수 있으면 풍수가 다 이루어졌다고 말하고 있다.

풍수의 기본인 맥이 어떻게 이루어져 어떻게 흐르고 혈이 어떻게 형성되는지, 또한 혈의 모양, 크기, 깊이에 대하여는 일체 언급이 없이 즉 알맹이는 없고 껍데기만 가지고 추상적으로 기술하다 보니 저마다의 해설이 난무한 것이 우리나라 풍수지리의 발전이 없게 된 원인이다.

기맥선이 흐르는 방향과 혈의 형성원리, 크기, 모양, 깊이 등을 깨우쳐 알았을 때 풍수가 다 이루어졌다고 할 수 있다. 외형外形인 山水方位는 참고사항이고 땅 속에서 일어나는 모든 것을 알아야 한다.

夫土者氣之體 有土斯有氣 氣者水之母 有氣斯有水
부토자기지체 유토사유기 기자수지모 유기사유수

斯 : 찍을 사, 어조사 사

모든 흙이란 기의 몸으로 흙이 있는 곳에는 기가 있고, 기는 물의 근원(어머니)으로 기가 있는 곳에 물이 있다.

우주 만물의 어떤 물체든지 기가 있다. 물체는 각각 특유의 기가 있어 각 물체의 특성을 나타내고 있는데, 이 책은 풍수지리에 관한 책이기 때문에 흙과 물만을 강조하고 있다.

經曰 外氣橫形 內氣止生 蓋言此也
경왈 외기횡형 내기지생 개언차야

경에서 '외기는 횡으로 형을 만들고 내기는 멈추어 생기를 이루는 것이다'라고 말하였다.

外氣란 穴에 초점을 맞추어 주위의 四神砂와 주변의 물이나 산에서 기를 穴로 모아주는 것으로, 전통풍수에서 外形을 중시하는 것은 이 外氣를 잘 모아줄 수 있느냐를 알기 위함이다.

內氣는 기맥선과 穴에 있는 기를 말하는데 기맥선은 혈과 혈 사이를 원圓으로 계속 돌고 있으며 원으로 돌지 않으면 흩어지기 때문에 정지할 수 없다.

일반인들은 천기·지기·내기·외기로 각각 기를 구분하여 해석한다. 태양·달·별 등의 하늘의 기를 천기라 하고, 땅 속 용암의 열 기운에서 나오는 기를 지기로 구분하여 그 둘이 별도인 것처럼 책에서 저술하는 사람도 있는데 天氣·地氣·內氣·外氣는 다 같은 말이다.

땅은 태양의 기, 달의 기, 별의 기를 흡수하여 지구 속 용암의 열 기운에서 나오는 기와 합쳐 맥을 이루게 되어 있는 것이지 이 맥 안에 태양의 기, 별의 기, 달의 기, 지구의 기가 별도로 구분되어 있는 것이 아니다. 이 기가 땅 속에 있을 때에는 內氣가 되고 호흡작용으로 배출되면 外氣가 되는 것이다.

우주 만물은 다 특성의 기가 있다. 사과는 사과의 기, 배는 배의 기가 각각 있기 때문에 사과 맛이 다르고 배 맛이 다르고 그 모양도 다른 것이다. 그러나 사람이 사과와 배를 먹어 이 두 과일의 기를 흡수하면 같은 기가 되는 것이지 사람의 기 안에 사과의 기와 배의 기가 별도로 구분되지 않는다.

이와 같이 천기가 있고 지기가 있는 것이 아니며 외기가 있고 내기가 있는 것이 아니다. 천기·지기·내기·외기는 같은 것이고 있는 위치에 따라 다르게 부를 뿐이다.

丘壟之骨 岡阜之支 氣之所隨
구롱지골 강부지지 기지소수

丘: 언덕 구

骨: 뼈 골

岡: 산등성이 강

阜: 언덕 부

所: 바 소, 처 소

隨: 따를 수, 쫓을 수

壟: 높이 돌출한 산, 壟은 평지에 가까운 산기슭에 생기生氣가 결집된다.

맥은 높은 암반이든 낮은 언덕이든 다 통과하면서 혈이 응결된다.

맥은 높은 암반이든 낮은 언덕이든, 물이던 강이든, 산이든 바위든 다
통과하면서 혈을 응결할 수 있는 곳에는 응결한다. 하여 암반에도 혈이
응결되는데 암반의 혈에서는 비석비토가 나온다.

經曰 土形氣行 物因以生
경왈 토형기행 물인이생

　경에서 땅은 형체를 갖추게 되면 기는 흐르는데 이 기가 흘러다녀야 만
물이 살 수 있다고 말하였다.

　아무것도 없는 땅에 흙을 쌓아두면 얼마 지나지 않아서 싹이 솟아나
는 것과 같이, 흙이 있으면 기가 통하고 이 기로 인하여 만물이 살아난다
고 해석하는 것이다.

蓋生者氣之聚 凝結者成骨 死而獨留 故葬者
개생자기지취 응결자성골 사이독유 고장자

反氣納骨 以蔭所生之法也
반기납골 이음소생지법야

聚: 모을 취, 쌓을 취, 많을 취

凝: 엉길 응, 이룰 응

結: 맺을 결

獨: 홀로 독

納: 들일 납, 받을 납

사람의 몸은 기의 모임인데 기의 응결이 제일 많은 부분은 뼈다. 사람이 죽으면 혈육은 썩고 뼈만 남는다. 좋은 땅에 장사지내면 유골의 뼈가 땅으로부터 기를 되돌려받아서 살아 있는 자손에게 전달하여 음덕을 입게 하는 이치이다.

이 구절은 기의 순환 과정을 말하는 것으로 사람이 살아 있을 때는 본인이 활동하는데 많은 기가 필요하지만, 죽어 활동이 없을 때에는 땅에서 받는 생기를 자손에게 전부 전달한다는 말이다. 기감편의 마지막 구절로 동기감응의 순환 과정을 말하고 있다.

제2장 인세편因勢篇

夫氣行乎地中 其行也 因地之勢 其聚也 因勢之止

부기행호지중 기행야 인지지세 기취야 인세지지

因: 인할 인, 인연 인, 의지할 인

聚: 모을 취, 모일 취, 많을 취

땅 속으로 흐르는 기는 그 흐름을 땅의 형세에 의하여 파악할 수 있고 그 기의 모임은 형세의 정지로 알 수 있다.

葬者原其起 乘其止
장자원기기 승기지

起: 일어날 기

장사를 지낼 때는 그 땅의 기가 일어나는 곳을 찾아야 하고 또 기가 멈추는 곳에 장사지내야 한다.

전통 풍수에서는 우리나라의 맥은 중국의 곤륜산에서 일어나서 백두산을 거쳐 백두대간을 따라 흐르면서 지리산에서 멈추고 다시 호남정맥과 금남정맥으로 흘러 계룡산에 이른다고 되어 있다.

맥은 원으로 돌고 있으며 상승하는 기와 하강하는 기가 교차하면서 지하 수맥에 의하여 혈이 이루어지고, 혈은 주위에 있는 사신사에 의하여 外氣가 밀어주고 外氣와 內氣가 교합交合하는 곳으로 땅이 숨 쉬는 숨구멍이다. 맥의 정지란 있을 수 없다.

地勢原脈 山勢原骨 委蛇東西 或爲南北
지세원맥 산세원골 위사동서 혹위남북

땅의 형세에서는 맥을 찾고 산의 형세에서는 골을 찾는다. 이 맥과 골은
마치 뱀이 동서로 혹은 남북으로 꿈틀거리면서 가는 모양과 같다.

실제로 평지에서는 기감을 터득한 사람이 아니고는 맥을 찾기가 어려
우며 산에서는 자연법에 의거 나무나 풀이 기의 흐름에 의하며 변화되어
있는 것을 확인하여 기맥을 찾아야지 山勢로만 맥을 찾기는 어렵다.

산은 먼저 앞과 뒤(背面)를 확인하고 앞(面)에서 맥이 흐르는 방향을 알
고 흐르는 방향에서 나무나 흙의 색깔을 보고 맥을 찾아야 한다. 맥은 바
람을 싫어하며 바람을 피하여 뱀이 움직이는 모양과 같이 동서로 혹은 남
북으로 움직이는데 산만 보고는 맥을 찾기 어렵고 산에서는 산세보다는
어느 쪽으로 바람이 많이 오는지를 먼저 보아야 맥의 흐름을 알 수 있다.

千尺爲勢 百尺爲形
천척위세 백척위형

천 척으로 세가 되고 백 척으로 형이 된다. 산에서 먼저 멀리서 오는 來龍을 관찰하고 그다음에 주위에 있는 四神砂를 살피라는 말이다.

실제로 멀리서 오는 來龍은 참고사항이고 너무 주위에 있는 四神砂를 따지면 큰 혈은 찾을 수 없고 작은 혈로 만족하여야 한다. 인간의 눈으로는 자연의 움직임을 완전히 알 수 없으니 주위에 있는 형세에 너무 의존하지 말고 혈을 먼저 찾아야 한다.

勢來形止 是謂全氣 全氣之地 當葬其止
세래형지 시위전기 전기지지 당장기지

來: 올 래, 오너라 래

앞 구절과 연결되는 말로서 '천 척 먼 곳에서 내려오는 맥이 백 척의 형에서 멈춘 곳이 全氣이다. 全氣의 기가 멈춘 곳에 장사지내야 한다'는 뜻이다.

형에 장사지내는 것은 당연하지만 「장경」의 내용은 內氣보다는 外氣

를 주로 말하고 있다.

全氣之地 宛委自復 回環重複
전기지지 완위자복 회환중복

宛: 언더 위의 완, 지정할 완

回: '돌다'라는 뜻으로 풀이하여야 한다.

復: 회복할 복, 대답할 복

環: 둥글 환, 돌릴 환

複; 겹옷 복

전기의 땅은 來龍의 形勢가 쌓이며 굴곡하고 스스로 감싸 안으며, 주변의 산이 휘돌아 감기기도 하고 겹겹이 둘러싸여야 한다.

혈을 중심으로 주변의 산들이 겹겹이 쌓여주는 게 좋다는 뜻이다.

「장경」이나 중국의 풍수이론 책들이 눈앞에 보이는 산의 형상을 너무 중요시하는 데 문제점이 많다. 앞에서도 말하였지만 주변의 산들이 너무 겹겹이 싸여 감싸주고 돌아주면 內氣보다는 外氣의 힘이 너무 강하여 큰 혈이 맺히지 않으며 실제 국반급 이상의 큰 혈은 外氣가 먼 산에서 오는 밭이나·평지에 많다.

이렇게 산들이 쌓이는 곳을 찾다 보면 천옥에 묘를 쓰는 경우가 많다.

若踞而候也
약거이후야

若: ~와 같다는 뜻으로 풀이한다.

踞: 걸터앉을 거

候: 기다릴 후, 물을 후

걸터앉아서 누구를 기다린다.

혈의 뒷산인 현무의 형상을 말하는 것으로 현무는 걸터앉아 누구를 기다리는 것처럼 안정되어 있는 산이 좋다고 해석하면 된다.

若攬而有也
약람이유야

攬: 잡아당길 람, 오를 람

혈 주변에는 엄마가 아기를 끌어안듯이 혈을 끌어안는 좌청룡과 우백호가 있는 것이 좋다.

欲進而却 欲止而深

욕진이각 욕지이심

欲: 탐낼 욕, 사랑할 욕

却: 물리칠 각

나아가고자 하면 솟아야 하고 정지하고자 하면 깊어야 한다.

四神砂에 의하여 주위가 완벽하게 조성되어야 한다는 뜻이다. 산은 멋대로 생겼는데 실제로는 이와 같은 완벽한 주위 조건을 갖춘 혈은 없으며, 그 완벽한 주위 조건을 찾다 보니 혈(穴)을 못 찾고 혈을 못 찾다 보니 명당은 귀한 것으로 생각해왔다.

四神砂는 가까운 것만 보지 말고 먼 곳도 보아야 한다. 명당(穴)은 무한대로 있다. 다만 그것을 찾을 수 있는 기감을 터득한 사람이 없을 뿐이다. 전통풍수 이론은 형국을 너무 작게 보는데 크게 형국을 보는 것이 자연에 맞는 것이다.

來積止聚 沖陽和陰
내적지취 충양화음

積: 쌓을 적, 모을 적, 저축할 적

沖: 화할 충, 얼음끄는 소리 충

和: 화할 화, 화답할 화, 썩을 화

來龍은 쌓여 있고 水는 멈추어 모여 있으면 음양의 조화가 잘 이루어져 좋은 땅이다.

실제 穴은 맥이 지하수에 의하여 결혈結穴되는데 「장경」에서는 음수(지하수)에 대하여는 말이 하나도 없고 양수(지표수)만을 논하고 있다.

土高水深 鬱草茂林
토고수심 울초무림

鬱: 답답할 울, 나무 더부룩할 울

땅이 두텁고 물이 깊은 곳에는 기가 충만하고 풀이 울창하고 숲이 무성하여 좋은 땅이다.

전통풍수에서는 이런 말을 믿고 이런 곳에서 혈을 찾는다. 그러나 실제 혈자리는 풀이 잘 자라지 못하고 풀잎이 연두색으로 변하며 흙은 색깔이 밝으며 나무는 30년 이상 자라지 못한다. 혈자리는 기가 너무 세어 초목이 자라기에는 부적당한 땅이다. 초목이 잘 자라는 곳은 땅에 수분이 많아 묘지로는 부적절하다.

貴若千乘 富如萬金
귀약천승 부여만금

천승은 귀하고 만금은 많아야 한다.

여기서의 乘은 말이 끄는 수레를 뜻하는 것으로 옛날 중국에서는 신분의 단위로 이 乘을 사용하였는데, 千乘은 諸侯가 千 마리의 말이 끄는 수레를 타듯 많은 산들이 쌓여 있고 앞에는 많은 물들이 있으면 좋은 자리라는 뜻이다.

중국의 풍수 책들이 물을 중요시하는데 이는 중국 땅들이 황토 땅으로, 황토에는 습기가 있어야 하기 때문이라고 생각한다. 우리나라의 토질은 항상 적당한 수분을 함유하고 있으므로 혈토는 수분이 적고 오히려 수분이 많으면 혈토가 아니다.

經曰 形止氣蓄 化生萬物 爲上地也

경왈 형지기축 화생만물 위상지야

蓄 : 쌓을 축, 모을 축

경에서 '형을 정지하고 기가 축적되어 있어 만물이 보하는 곳이 최고의 땅'이라고 말하고 있다.

자연에서 모든 물체는 각각의 기가 있고 각각의 기의 특색이 있으며 기의 양量도 적당하여야 하는데, 기가 축적되어 있는 혈은 초목이 자라기에는 기가 너무 많아 부적당하므로 초목이 무성한 곳에서 혈을 찾는 일은 없어야 한다.

야생동물은 부족한 기를 보충하기 위하여 혈자리 위에서 놀기 때문에 야생동물이 노는 장소에서 혈을 찾으면 된다. 초목이 잘 자라는 곳에는 수분이 많아 묘지로는 부적당하다.

제3장 평지편 平地篇

地貴平夷 土貴有支
지귀평이 토귀유지

넓고 평평한 땅은 지맥이 낮아 미미한 기복을 형성하고 높은 기복을 이루면서 힘찬 기세를 하고 있는 산용보다 더 강한 기운을 간직하고 있다. 따라서 평지에 있는 혈을 매우 귀하게 여긴다.

실제로 기감을 터득한 사람이 아니고는 평지의 혈을 찾을 수 없다. 大穴은 평지에 있으며 완벽한 형세를 갖추고 있는 산에서는 大穴을 찾기 어렵다.

支之所起 氣隨而始 支之所終 氣隨而鍾
지지소기 기수이시 지지소종 기수이종

지룡이 일어나 진행을 시작할 때 기도 수반하여 같이 움직이며 지룡이 멈추면 기도 함께 멈추어 응결한다.

지구 전체가 기에 순환하고 돌고 돈다.

觀支之法 隱隱隆隆 微妙玄通 吉在其中
관지지법 은은륭륭 미묘현통 길재기중

觀: 볼 관, 대칠 관

隱: 숨길 은, 몰래 은, 숨을 은

隆: 성할 륭, 두득할 륭, 클 륭

微: 가늘 미, 작을 미

玄: 검을 현, 하늘 현

妙: 묘할 묘, 간들거릴 묘

지룡을 보는 방법은 숨은 듯 드러난 듯 미묘한 움직임을 잘 관찰하는 것이다. 이런 혈은 미묘하기 때문에 신묘한 영기靈氣와 상통하는 길지가 있다.

312

실제로 지룡에서 혈을 찾는다는 것은 기감을 터득한 사람이 아니고서는 불가능하며 옛날 농부가 오랜 세월 동안 관찰하여 찾아내는 물명당의 경우와 같이 자연법에 의하지 않으면 찾을 수 없다.

　자연법이란 자연에서 일어나는 기에 대한 일반적인 작물이나 식물을 잘 관찰하여 혈을 찾는 방법으로 풍수공부에서는 필수적으로 터득하여야 한다. 이것을 완전히 익히는 데는 세월이 소요된다. 제일 정확하며, 이를 터득하지 않은 채로 책에 의존해서 풍수 일을 하여서는 안 된다.

經曰 地有吉氣 隨土而起 地有止氣 隨水而比
경왈 지유길기 수토이기 지유지기 수수이비

勢順形動 回復終始 法葬其中 永吉無凶
세순형동 회복종시 법장기중 영길무흉

隨 : 따를 수, 쫓을 수
比 : 무리 비, 비교할 비, 아우를 비

경에서 '길한 기운이 좋은 땅에 있다'는 것은 흙을 따라 일어나는 것이요, '지룡에 기가 멈춘다'는 것은 물을 따라 같이 병행하기 때문이다.

산세가 순하고 형의 움직임이 그 끝이 처음으로 돌아보는 형(回龍顧祖形)을 말하는데 이와 같은 형을 장법에 맞추어 장사지내면 영구히 길하고 흉한 일은 없을 것이라고 말하고 있다.

山者 勢險而有也 法葬其所會

산자 세험이유야 법장기소회

險 : 험할 험, 음흉할 험, 위대할 험

산들 중에는 그 세가 험한 곳이 있다.

그렇기 때문에 옳은 장법은 좋은 산들이 모여 있는 곳에 장사지내는 것이다. 산은 陰龍과 陽龍으로 잘 구분하여야 하고 앞뒤와 좌우를 필히 구분하여야 한다.

乘其所來

승기소래

산세와 변화를 잘 관찰하여 옳은 곳에 장사 지내라.

산세가 험하면 혈穴은 완만한 곳에 있다. 자연에서 모든 것은 생·노·병·사(봄·여름·가을·겨울)로 이루어지는데 혈 역시 용맥의 형세가 활동적이면 生이 되고 용맥의 형세가 뻣뻣하여 굳어 있으면 死가 된다.

來龍의 형세가 급하면 완만한 곳이 생이 되고 급한 곳은 死가 되는 반면에 내룡의 형세가 완면하면 급한 곳이 生이 되고 완만한 곳은 死가 된다. 또한 산은 앞과 뒤(背面)를 잘 구분하여야 하고 穴은 주로 앞(面)에 있고 뒤(背)에는 없으며 左右에는 간혹 있는데 급경사에는 혈이 없다.

審其所廢

심기소폐

審: 알 심, 살필 심, 심문할 심

廢: 폐할 폐

산은 결함이 있는지를 잘 살피고 결함이 있으면 폐하는 것이 좋다.

擇其所相

택기소상

擇: 가릴 택, 뽑을 택

相: 서로 상, 여기서는 신하라는 뜻

신하를 잘 택하라는 말이다.

혈의 전후좌우의 사신사四神砂, 즉 청룡·백호·현무·주작이 잘 짜여져 있는지의 여부를 살피라는 말이다. 실제 중국 풍수 책들의 문제점은 이 렇게 눈에 보이는 형세, 곧 外氣만 강조하고 內氣의 흐름인 맥에 대하여 는 관심이 없어서인지 몰라서인지 말하지 않는 데 있다.

혈穴은 內氣가 중요한 것이며 外氣를 중히 여기어야 大穴을 찾을 수 있 지 外氣를 중히 여기면 小穴로 만족한다. 자연의 이치를 눈앞에 보이는 것만으로 만족하여서는 안 되며 먼 거리에 있는 形勢에 의하여 大穴이 형성됨을 인식하여야 한다.

避其所害
피기소해

避: 피할 피, 어길 피

害: 해할 해, 해롭게 할 해

산에 殺氣나 死氣가 있는 곳과 붕괴의 위험이 있는 곳은 해가 있기 때문에 피하라.

是以君子奪神攻 改天命 禍福不旋日
시이군자탈신공 개천명 화복불선일

經曰 葬山之法 若呼谷中 言應速也
경왈 장산지법 약호곡중 언응속야

奪: 빼앗을 탈, 뺏길 탈

旋: 빠를 선, 주선할 선

呼: 부를 호, 숨내쉴 호

速: 빠를 속, 부를 속

풍수 일은 길흉화복이 빠르게 나타나는데 개안開眼된 군자가 穴에 정확히 정확한 장법에 의하면 장사지내면 신의 공덕을 빼앗아 하늘의 명도 바꿀 수 있다. 경에서 장법의 영향은 산에서 소리를 질러 산울림이 되울려오는 것처럼 빨리 영향을 받는다고 말하고 있다.

그렇기 때문에 乘氣所來 害其所廢 擇其所相 避其所害를 잘 따져야 한다.

山之不可葬者五 氣以生和 而童山不可葬也
산지불가장자오 기이생화 이동산불가장야

사람이 죽어 장사를 지내지 못하는 산에는 童山, 斷產, 石山, 過山, 獨山의 다섯 가지가 있는데, 이는 기의 화합작용이 잘 되지 않기 때문이므로 童山에는 장사를 지내서는 안 된다.

童山은 흙이 좋지 않아 풀이나 나무가 잘 자라지 않는 산을 말한다. 동산은 지하에 지하수(陰水)가 적어 맥은 지나도 혈은 맺을 수 없다.

氣因形來 而斷山不可葬也
기인형래 이단산불가장야

기는 형을 따라오는데 來龍이 붕괴했거나 끊긴 단산에는 장사를 지내
서는 안 된다.

氣因土行 而石山不可葬也
기인토행 이석산불가장야

기는 흙을 따라 흐르는데 흙이 없는 石山에는 혈이 없기 때문에 장사를
지내서는 안 된다.

맥은 원圓으로 도는데 石山이라 하여 맥의 흐름이 없는 것이 아니다.
피라미드를 세워도 새로운 맥이 형성되는데 맥은 흐르면서 주위의 여건
이 맞으면 穴이 형성되며 석산의 혈토는 非石非土가 나온다.

氣以勢止 而過山不可葬也

기이세지 이과산불가장야

기는 산의 세가 멈추어야 같이 멈추는데 산세가 지나가는 과산에서는 혈이 맺히지 않기 때문에 장사지내서는 안 된다.

氣以龍會 而獨山不可葬也

기이룡회 이독산불가장야

기는 산들이 모여야 기가 같이 모이는데 홀로 있는 산에는 기가 모이지 않기 때문에 장사를 지내서는 안 된다.

가까운 四神砂가 없더라도 먼 곳의 산들에 의하여 外氣가 모여 혈이 형성되며 이런 경우에는 혈의 크기가 더 크다.

經曰 童斷石過獨 生新凶而消已複

경왈 동단석과독 생신흉이소이복

경에서 동산·단산·석산·과산·독산의 다섯 산에는 결함이 많기 때문에 장사를 지내면 재앙이 생기고 복이 없어진다고 말하고 있다.

占山之法 以勢爲難 而形次之 方又次之

점산지법 이세위난 이형차지 방우차지

難: 어려울 난, 근심 난

산에서 장사지내는 법으로 산세에 의하기가 가장 어렵고 다음이 형으로 함이요, 그다음이 방향을 정하기 어렵다.

실제로는 혈 안의 혈토가 음양으로 구분되어 있으니 그 음양에 정확히 놓으면 되는 것이다. 맥을 찾아 혈을 찾으면 된다. 일본 책에 풍수는 맥선을 찾는 학문이라고 하고 있다. 그런데 우리는 패철로 옛날 방식을 그대로 하고 있다. 개선되어야 한다.

上地之山 若伏若連 其原自天

상지지산 약복약연 기원자천

伏 : 엎드릴 복, 감출 복

連 : 붙일 연, 연할 연

　좋은 땅의 산은 약간 엎드리면서 연결되어 있는데 그 근원은 하늘에 있다. 즉 그 근원은 태조산太祖山이다.

　지구는 하나의 기 덩어리다. 기는 음기·양기로 순환하며 돌고 있다.

若水之波

약수지파

　산의 흐름이 잔잔한 물결과 같이 살아서 움직이는 모양이 좋다.

若馬之馳
약마지치

馳 : 달릴 치, 전할 치, 거동할 치

달리는 말과 같이 힘차게 산이 기복을 이루며 진행하는 것이 좋다.

其來若奔 其止若尸
기래약분 기지약시

奔 : 달아날 분, 분주할 분
尸 : 주검 시, 주장할 시

오는 來龍은 달리는 말과 같이 뛰어오르다가 거칠 때는 죽은 시신과 같이 요지부동의 형태를 갖추어야 대길지를 만든다.

若懷萬寶而燕息

약회만보이연식

懷: 품을 회, 생각할 회

燕: 연나라 연, 제비 연, 편안할 연

주산(玄武)은 만 가지 보물을 안고 편안히 휴식을 취하고 있는 형상이 대길지다.

來龍이 멀리서 와서 주산으로 떡 버티고 있는 형상이 좋다는 뜻이다.

若具萬饍 而潔齊

약구만선 이결제

饍: 반찬 선, 먹을 선, 膳과 동일

潔: 맑을 결

齊: 가지런할 제, 고을 제, 공손할 제

만 가지 반찬을 상에 차려놓고 주인을 맞이하는 형의 산이 앞에 있어야 한다.

案山은 주인을 맞이하는 형을 가지고 있어야 한다는 뜻으로 너무 外形에 의존하고 있다. 外形에 의한 外氣를 중히 하다 보니 內氣의 흐름을 몰라 현재 전국에 산재해 있는 묘지의 99.9퍼센트가 잘못되어 있다.

필자의 생각으로 차라리 풍수책에 의한 이론을 몰랐으면 이런 결과는 없었을 것이다. 옛말과 같이 그저 양지바른 곳에 무덤을 써왔으면 이런 결과는 없었을 것이다.

若橐之鼓
약탁지고

橐: 전대 탁, 공이소래 탁
鼓: 북 고

마치 바람이 가득 찬 가죽 주머니를 두드리는 소리와 같이 주위에 기가 많이 모여 있는 형극을 이루어야 한다.

명당자리는 북소리가 나는 경우가 있다.

若器之貯
약기지저

器: 그릇 기

貯: 쌓을 저, 둘 저

그릇을 쌓아둔 것같이 사방에서 물과 함께 기가 흘러들어와 혈 앞에 물이 많이 모여 있는 것이 좋다.

득수得水로써 기의 흐름을 정지하여야 한다는 것이다. 그래서 옛날에는 이름 있는 묘 앞에 연못을 팠다. 그러나 아무 쓸데 없는 일이다.

若龍若鸞 或騰或盤
약룡약란 혹등혹반

鸞: 난새 난, 임금 타시는 수레방우 란, 전설 속의 神鳥로 알려져 있다.

騰: 오를 등, 뛰놀 등

盤: 소반 반, 느릴 반

산의 형세는 마치 용이 힘차게 꿈틀거리는 모양과 같고 난세가 춤을 추는 형세를 하기도 하고, 혹은 뛰놀기도 하고, 혹은 조용히 엎드리어 있는 모습을 하기도 한다.

산은 살아 있는 여러 동물의 움직임과 같이 활동적인 것이 좋다는 뜻
이다.

禽伏獸蹲 此萬乘之尊也
금복수준 차만승지존야

禽: 새 금, 사로잡을 금

獸: 짐승 수

蹲: 걸터앉을 준, 움직일 준

尊: 높을 존, 귀할 존

앞 구절에서 盤을 해설한 것으로, 조용히 엎드려 있는 모습은 날아다니
는 새가 웅크린 듯 집에서 기르는 짐승이 걸터 앉아 있는 듯이 요지부동하
면서 웅장한 기상을 보여야 하고 만승(임금)의 높은 자리와 같이 존귀함이
있어야 한다.

天光發新
천광발신

천기가 빛을 내고 지기가 발생하는 곳이 혈이다.

즉 천기天氣와 지기地氣가 교합交合하는 곳이 穴이다.

일반적으로 天氣와 地氣를 구분하는데 풍수에서는 天氣와 地氣는 같은 것이다. 태양·달·별에서 기를 발산하여 지구에 들어오면 지기가 되는 것이고 지구 용암의 열 기원으로 기를 발산하여 이 天氣와 합쳐서 맥을 이루고 돌고 있는 것이다. 맥 안에는 天氣와 地氣의 구분은 없고 陰氣와 陽氣의 구분은 있다.

朝會拱辰
조회공진

拱: 떨 공

辰: 별 진

穴 앞에 물들이 모여 萬水를 이루고 주위의 여러 산들이 穴을 향하여 조공朝拱을 드리는 듯한 형국이 길지이다.

329

四勢端明 五害不親
사세단명 오해불친

端: 단정할 단, 끝 단

親: 친할 친, 친척 친

사세, 즉 청룡백호·현무주작이 단정하고 명확하게 있고 오해, 즉 동산·단산·독산·석산·과산의 해가 없어야 길지가 된다.

十一不具 是謂其次
십일불구 시위기차

열 가지 구비 조건에 하나만 완전하지 못하여도 그다음이라 할 수 있다.

실제 자연에는 완벽한 조건을 갖춘 곳이 없다. 이 완벽한 조건은 인간의 눈에 의한 완벽이다. 자연은 자연의 조건이 있다. 혈은 자연의 조건에 의하여 형성되어 있다.

맥은 완벽한 조건이 아니라도 주위 여건에 따라 움직인다. 그래서 「장경」에서는 뱀이 살아서 움직이는 것과 같이 동서로, 또는 남북으로 움직인다고 하였다. 산에서 완벽한 조건을 찾다 보니 명당은 없다고 하는데 우리 주변에는 명당이 무수히 많이 있다.

맥의 흐르는 방향과 혈이 맺혀 있는 곳을 자연의 변화에 의하여 찾아야 한다. 자연은 거짓말을 하지 않는다. 나무와 흙 등의 색깔과 변하는 모양을 보고 찾아야 한다.

제5장　사세편四勢篇

夫葬以左爲靑龍 友爲白虎 前爲朱雀 後爲玄武
부장이좌위청룡 우위백호 전위주작 후위현무

혈을 중심으로 왼편에 있는 산을 청룡, 오른편에 있는 산을 백호, 앞쪽에 있는 산을 주작, 뒤쪽에 있는 산을 현무라고 한다. 청룡·백호·주작·현무를 四勢라고 하며 四神砂라고도 한다.

중국 풍수지리 책에는 이 사세를 대단히 중하게 여기고 있고 外形을 강조하고 있는데, 자연에서는 이렇게 완벽한 조건을 갖춘 形이 별로 없고 풍수지리에서는 外形에 의한 外氣보다는 氣脈에 의한 內氣를 더 중히 여겨야 한다.

玄武垂頭

현무수두

垂: 드리울 수
頭: 머리 두, 두목 두

혈의 뒤쪽에 있는 산을 현무라 하고 主山이라고도 한다. 현무의 모양이 거북이가 조용히 머리를 숙이고 정지해 있는 듯한 형세가 좋다.

산을 볼 때는 먼저 산의 앞과 뒤(背面)를 구분하여야 하고 앞(面)으로는 완만한 경사를 이루며 氣가 흐르면서 穴이 있는데 뒤(背)에는 경사가 급하고 혈이 없다. 산의 外形도 중요하지만 산이 順하게 생겼는지 逆하게 생겼는지를 먼저 따져야 한다.

朱雀翔舞

주작상무

翔: 돌아나를 상, 날개펴고 나를 상
舞: 춤출 무, 춤 무

혈의 앞쪽에 있는 산을 주작이라 하고 안산案山이라고도 하는데, 주작은 봉황이 춤을 추는 것과 같이 아름다운 것이 좋다.

靑龍蜿蜒

청룡완연

蜿 : 꿈틀거릴 완, 범이 설렁거릴 완

蜒 : 꿈틀거릴 연

혈의 왼편이 있는 산을 청룡이라고 하는데, 청룡은 어머니가 아기를 안고 있듯이 혈을 다정히 감싸고 있는 모양이 용이 살아서 꿈틀거리는 형상을 하고 있는 것이 좋다.

白虎馴頫

백호순부

馴: 길들일 순, 착할 순

頫: 구부릴 부

혈의 오른쪽에 있는 산을 백호라 하는데, 백호는 호랑이가 잘 길들여져 선한 모습으로 엎드려 있는 형상이 좋다.

形勢反此 法當破死

형세반차 법당파사

此: 이 차, 그칠 차

當: 마땅할 당, 당할 당

破: 깨질 파, 깨뜨릴 파

앞에서 말한 四勢의 형태가 서로 부합하지 않고 상반되거나 결함이 있는 곳에 死者를 매장하면 집안은 망하고 자손은 화를 당하는 게 이치다.

자연은 인간이 보는 눈보다 더 정밀하기 때문에 穴이 있는 곳에는 四勢가 서로 부합한다.

故虎蹲昂 謂之唧屍

고호준앙 위지함시

昂: 밝을 앙, 높을 앙

唧: 명함 함

屍: 주검 시

혈의 오른쪽에 있는 백호의 산 말미末尾가 높이 쳐들어 마치 호랑이가 머리를 들고 앉아 혈을 주시하는 듯한 형세는 시신을 삼키는 백호가 된다. 이런 곳에 시신을 매장하면 백호에게 제압당하는 혈이 되어 나쁘다.

실제 자연에서의 혈은 어떤 하자가 있는 곳에 있지 않으며 어떤 殺이나 흉이 없는 곳에 結穴되어 있다. 그렇게 때문에 자연에서는 穴을 찾으면 인간의 눈으로는 하자가 있어도 완전한 주위 여건이 조성되어 있으니 주위에 있는 四神砂에 의하여 穴을 찾지 말고 穴을 찾은 후 四神砂의 결함 여부를 따져야 한다.

산에서는 진혈보다는 가혈이 더 많이 때문에 四神砂에 의하여 穴을 찾다 보면 가혈을 찾는 수가 많다.

龍踞 謂之嫉主
용거 위지질주

踞: 걸터앉을 거

嫉: 투기할 질, 미워할 질

혈의 왼편에 있는 청룡이 다정하게 혈을 안아주는 형태가 아니고 末尾가 걸터앉은 것과 같이 안정적이지 못하면 이는 주인인 穴을 질투하는 형세로 좋지 않다.

玄武不垂頭者 拒屍
현무불수두자 거시

拒: 막을 거, 좌우로 진칠 거

혈의 뒤편에 있는 玄武는 마치 거북이 정지하여 고개를 숙이고 다정히 앉아 있는 모습을 하여야 하는데 거북이 고개를 높이 쳐들고 있는 듯한 형세를 가지고 있으면 이는 시신을 거부하는 형상으로 좋지 않다.

朱雀不翔舞者 騰去
주작불상무자 등거

혈 앞에 있는 안산인 주작이 반궁형反弓形이거나 비스듬히 빗기어 있는 등의 형세로 춤추는 듯한 아름다움이 없는 경우, 이는 봉황이 날아가는 형세가 되어 좋지 않다.

夫以支爲龍虎者 來止跡乎岡阜 要如肘臂 謂之環抱
부이지위룡호자 내지적호강부 요여주비 위지환포

跡 : 발자국 적
肘 : 팔꿈치 주
臂 : 팔 비
環 : 둘릴 환, 둥글 환
抱 : 품을 포, 안을 포

평지에서의, 支龍의 청룡과 백호는 높지 않아서 명확하게 나타나지 않는다. 때문에 밭이나 언덕으로 미미하게 표출되어 혈을 끼고 있어도 청룡과 백호가 된다. 이때의 모양은 사람의 팔이 안으로 구부려져 감싸는 것과 같은 것이 좋다.

실제 자연에서는 산에서보다 평지에 있는 穴의 크기가 더 크다. 전통 풍수에서는 평지의 논이나 밭에 있는 혈을 물명당이라 하고 있다. 실제 평지에 있는 혈이나 지나는 맥은 기감氣感을 터득한 사람이 아니면 찾을 수 없는 게 현실이다.

기감을 터득하지 못한 일부 풍수가들은 물명당을 찾을 수 없다 보니 물명당은 없다는 논리를 전개하는데 한 기맥선에는 天·人·地의 세 개의 穴이 형성되어 있고 또한 평지에 형성되어 있는 혈은 대부분 道班 이상 의 國班의 大穴이다.

穴을 찾을 때는 풍수이론 책에 의존하는 것보다는 자연의 변화를 읽 는 자연법과 기감을 터득하여야 옳은 진혈을 찾을 수 있지 그렇지 않으 면 가혈(허혈)을 찾게 되어 있다.

以水爲朱雀者 衰旺係乎形應 忌乎湍激 謂之悲泣
이수위주작자 쇠왕계호형응 기호단격 위지비읍

衰: 쇠할 쇠, 약할 쇠

旺: 왕성할 와

係: 이을 계

忌: 미워할 기, 초상날 기

湍: 급한여울 단

激: 급할 격

泣 : 소리없을 읍, 끓는소리 읍

　앞에 있는 물을, 산을 대신하여 주작(안산)으로 삼을 경우 그 물의 여울
물과 같이 격심하게 흐르는 물을 피하여야 한다.

　이런 격심하게 흐르는 물을 소리없이 슬피 운다고 하는 것이다. 격심
하게 흐르는 물은 언제나, 물 흐르는 소리가 끊임없이 마치 슬피 울고 있
는 듯한 것으로, 물소리가 슬피우는 것 같은 것은 '빈궁과 과부지상이
라' 하여 잘 살펴 분별하여야 한다고 하였다.

朱雀源於生氣

주작원어생기

源 : 근원 원

주작은 생기에 근원을 둔다.

派於未盛 朝於太旺
파어미성 조어태왕

派: 물나눠흐를 파

흐르는 물줄기가 적으면 성함이 적고 이 적은 물줄기가 모여 큰 연못을 만들면 기운도 왕성한 것이다. 혈 앞의 물은 작은 물줄기가 많이 모여야 왕성한 기운을 얻을 수 있다.

澤於將衰 流於囚謝
택어장쇠 유어수사

澤: 못 택, 윤택할 택

將: 장수 장

囚: 가울 수

謝: 사례할 사, 고할 사

혈 앞에 있는 물이 모여서 연못이 되면 그 물의 흐름이 없어져 그 기운도 장차 쇠퇴하게 되는데, 물은 흘러들어와서 고여 있는 것보다 나가는 것이 좋다.

以返不絶
이반부절

絶: 끊을 절, 멸할 절

혈 앞의 물은 흘러가는 출구에 砂로 가로막혀 있으면 물의 흐름이 완만하고 기가 빠져나가지 못하고 반사되어 돌아오기 때문에 기의 순환작용이 끊어지지 않아서 좋다.

法每一折 瀦而後洩
법매일절 저이후설

每: 일상 매, 매양 매

折: 꺾을 절, 절단할 절

每: 물고일 저

洩: 발설할 설, 샐 설

물은 한 번 굴곡하여 괴었다가 후에 빠져나가는 것이 좋다.

중국 풍수이론은 물이 세차게 흐르는 것을 나쁘다고 보고 있으며, 또한 직류하는 것도 무정하다 하여 좋지 않게 보고 있다. 하지만 혈이 있는 곳에는 자연의 조건이 다 맞게 되어 있다.

揚揚悠悠 顧我欲留

양양유유 고아욕류

揚 : 나타날 양, 칭찬할 양, 들날릴 양

悠 : 한가할 유, 아득할 유

顧 : 돌아볼 고, 생각할 고

我 : 나 아

留 : 머무를 유, 기다릴 유

물은 굽이굽이 길게 한가하게 흐르면서 혈을 돌아보면서 흐르는 것이
좋다.

其來無源 其來無流
기래무원 기래무류

물은 흘러오는 근원을 알 수 없을 정도로 멀리서 오는 게 좋고, 물이 흘러갈 때는 흘러가는 물줄기가 혈에서 보이지 않아야 한다.

직류로 혈에서 보이면서 흘러가는 것은 좋지 않다.

經曰 山來水回 貴壽豊財
경왈 산래수회 귀수풍재

貴: 귀할 귀

壽: 목숨 수

豊: 풍년 풍

財: 재물 재

경에서 山龍의 來勢가 힘차고 물이 혈을 돌아 감싸면서 흘러가는 곳에 조상을 장사지내면 자손이 장수하고 귀하게 되며 부귀영화를 누린다고 말하고 있다.

실제로는 주변의 여건이 아무리 좋다고 하여도 혈이 아닌 곳에는 장사를 지내서는 안 된다. 주변의 형세의 좋고 나쁨은 오로지 사람의 눈에 의한 것이다. 자연의 좋고 나쁨은 혈이 결혈되어 있느냐 없느냐만을 갖고 판가름해야 한다.

山囚水流 虜王滅侯
산수수류 노왕멸후

虜: 사로잡을 로
侯: 제후 후

산세가 답답하고 물의 흐름이 급하게 직류하는 곳에 조상을 매장하면 왕후와 같은 후손이라도 관직을 잃거나 폐가를 당하는 등 나쁜 일들이 많이 생긴다.

제6장 귀혈편 貴穴篇

夫外氣所以聚內氣 過水所以來龍

부외기소이취내기 과수소이지래용

외기가 있는 곳에 내기가 모이고 물이 많은 곳에 來龍이 멈춘다.

내기는 원으로 돌면서 가는 지하수를 만나면 혈을 구성하고 다시 원으로 돌며, 외기는 먼 곳이든 가까운 곳이든 혈 주변의 눈에 보이는 형상에서 반사되어 혈로 집중되어 오는 기를 말한다. 외기와 내기가 합치는 곳이 혈이다. 혈자리는 고요적정하고 사격(주변)은 움직임(파동)이 있다.

千尺之勢 委宛頓息 外害以聚 內氣散於地中
천척지세 위완돈식 외해이취 내기산어지중

經曰 不葬之穴 腐骨之藏也
경왈 부장지혈 부골지장야

宛: 어슴푸레할 완, 자그마할 완

委: 버릴 위, 쓰러질 위

頓: 졸 돈, 패할 돈

息: 숨쉴 식

來龍이 천척의 강한 세로 구불거리며 오다가 그쳤으나 주변에 산과 물
(山水)의 모임이 없으면 기가 모이지 않고 땅 속으로 흩어진다. 경에서 이런
곳은 '기가 축적되지 않기 때문에 장사지내면 유골이 썩어 좋지 않다'고
말하고 있다.

실제로는 穴이 아닌 곳 어디에도 장사 지내면 안 되므로 火葬을 하는
게 좋은 방법이다.

夫噫氣爲能散生氣 龍虎所以衛區穴

부애기위능산생기 용호소이위구혈

疊疊中阜 左空右缺

첩첩중부 좌공우결

前曠後折 生氣散於飄風

전광후절 생기산어표풍

經曰 騰漏之穴 敗槨之藏也

경왈 등루지혈 패곽지장야

衛: 호위할 위, 모실 위

疊: 쌓을 첩, 두려워 할 첩

缺: 깨질 결, 이지러질 결

曠: 동자없을 광

飄: 바람표, 떨어질 표

漏: 뚫을 루, 샐 루

槨: 덧관 곽

　기는 내뿜어지면 바람이 되는데 이것은 능히 생기를 흩어버릴 수 있기 때문에 청룡과 백호가 혈을 잘 호위하여야 한다. 또한 첩첩이 호위를 하여도 좌우가 비어 있거나 결함이 있고 앞이 비어 있고 뒤가 끊어져 있으면 생기는 회오리바람에 흩어진다. 경에서 '바람에서 노출되어 기가 새어나가는 혈은 관이 흩어져버릴 장사 터'라고 말하고 있다.

　　실제 자연에서는, 맥은 바람을 피하여 잘 흐르고 있으므로 풍수 공부
에서 맥을 찾을 때 청룡백호·현무주작의 四勢가 결함이 있어 혈이 없다
고 단정하지 말고 자연의 흐름을 관찰하여야 한다.

夫土欲細而堅 潤而不澤 裁肪切玉 備具五色
부토욕세이견 윤어불택 재방절옥 비구오색

細 : 가늘 세, 세밀할 세

堅 : 굳을 견, 강할 견

潤 : 윤택할 윤, 부를 윤

澤 : 못 택, 은혜 택

裁 : 판결할 재, 옷마를 재

肪 : 비계 방, 살찔 방

　　천광을 할 때 혈의 토질을 말하는 것으로 혈 중의 흙은 부드러우면서 견
실하여야 하고, 윤택하면서 습기가 없어야 좋다. 광중의 단면은 고기의 비
계를 지르거나 옥석을 절단했을 때와 같이 광택이 있어야 하고 오색토를
갖추고 있어야 한다.

단편적으로 기술한 내용이다. 실제 穴을 천광하여 보면, 땅의 지표면을 파고 나면 대단히 단단하고 윤택이 나며 습기가 적다. 다시 단단한 부분을 파면 心이 나오는데 오색토라 하여 적·청·황·흑·백, 다섯 가지 색의 흙이 나오는 것이 아니고, 다섯 가지 색 중 하나가 나올 수도 있고, 비석비토非石非土만 나올 수도 있어 흙의 색깔로만 명당으로 단정하여서는 안 된다.

제일 중요한 것은 천광의 넓이인 3~4자 사이로 혈 정중앙이 음양으로 구분되어 음과 양의 흙 색깔이 틀리거나 흙의 강도인 단단함이 다르다는 점이다. 이때 한 사람의 시신을 모실 때는 배꼽을 중심으로 기맥선의 중앙인 음과 양의 구분선상에 모셔야 하고, 합장할 경우는 음과 양의 자리에 정확히 모셔야 한다.

夫乾如聚粟 濕如刲肉 水泉砂礫 皆爲凶宅
부건여취속 습여규육 수천사택 개위흉택

乾: 하늘 건, 마를 건

粟: 조 속, 겉곡식 속

濕: 젖을 습, 축축할 습

刲: 지를 규

泉: 샘 천, 폭포수 천

礫: 자갈 력, 조약돌 력

혈 속의 토질이 건조하기가 조가 쌓여 있는 것과 같거나, 습하기가 베어 낸 고깃덩어리와 같거나, 물이 솟거나 모래와 자갈이 많은 땅들은 모두 흉택이다. 이와 같은 토질은 매우 나쁘므로 死者를 매장하여서는 안 된다.

蓋穴有三吉 葬有六凶
개혈유삼길 장유육흉

사자를 장사하는 데는 세 가지 길한 것이 있고 여섯 가지 흉한 것이 있다.

天光下臨 地德上載 藏神合朔 神迎鬼避 一吉也
천광하림 지덕상재 장신합삭 신영귀피 일길야

臨: 임할 임, 다다를 임

載: 실을 재, 기록할 재

朔: 초하루 삭, 북방 삭

천광天光은 아래로 내려와 비친 것이요, 지덕은 위로 올라가 실리는 것

으로, 즉 천기와 지기가 교합하는 곳에 신을 맞이하고 귀신을 꾀하는 좋은
날을 택하여 장사지내는 것이 첫 번째 吉한 것이다.

陰陽沖和 五土四備 二吉也

음양충화 오토사비 이길야

음양이 잘 배합되고 혈토가 오색토가 나왔으며, 청룡백호·현무주작의
四勢가 잘 구비된 곳에 장사지내는 것이 두 번째 吉한 것이다.

目力之巧 工力之具 趨全避闕 增高益下 三吉也

목력지교 공력지구 추전피궐 증고익하 삼길야

趨: 달아날 추, 자박자박걸을 추

闕: 대궐 궐

눈으로 잘 살피고 인위적인 방법을 통해 자연과 잘 배합이 되도록 구비
하고, 혈 주위의 형세가 나쁜 것은 피하고, 너무 높은 곳은 낮추고, 낮은 곳
을 적당한 높이로 성토하여 장사지내는 것이 세 번째 吉이다.

陰陽差錯爲一凶

음양차착위일흉

음양의 배합이 맞지 않는 것이 일흉이다.

歲時之乖爲二凶

세시지괴위이흉

乖 : 어그러질 괴, 사악할 괴

매장할 때 시신과 땅이 접촉하는 시간, 즉 하관시간이 어그러짐이 이흉
이다.

力小圖大爲三凶

역소도대위삼흉

노력은 적게 하고 큰 것을 바라는 것은 삼흉이다.

憑富恃勢爲四凶
빙부시세위사흉

憑: 의지할 빙

재력이나 권세를 이용하는 것이 사흉이다.

　재력이나 권세를 이용하여 남의 길지를 빼앗거나 자기의 욕심을 위하여 타인의 행복을 강제로 빼앗는 것을 말한다.

僭上偪下爲五凶

僭: 거짓 참, 참람할 참
偪: 핍박할 핍

　가난한 사람이 분수에 맞지 않게 호화스럽게 장사를 지내거나 자기의 장례를 위하여 다른 사람에게 피해를 주는 것이 오흉이다.

變應怪見爲六凶
변응괴견위육흉

장사를 지내는 데 일정한 법칙을 정확하게 따르지 않고 아무렇게나 묘지를 만들거나 괴이한 현상이 나타나면 여러 가지 조건들이 조화를 이루지 못하고 있기 때문인데 이것이 육흉이다.

經曰 穴吉葬凶 與棄屍同
경왈 혈길장흉 여기시동

與: 같을 여, 더블 여
棄: 잃어버릴 기, 버릴 기

경에서 '혈은 길한데 장사가 흉하면 사신을 버리는 것과 같다'고 말하고 있다.

여기서 장사는 여러 가지의 장법을 뜻한다.

제7장 형세편 形勢篇

經曰 勢之形昂 前澗後岡 龍首之藏
경왈 세지형앙 전간후강 용수지장

昂 : 밝을 앙, 들 앙

　경에서 '來龍의 勢가 내려오다가 멈추고 形이 둥그스름하게 쳐들고 있을 뿐만 아니라, 앞에는 물이 흐르고 뒤에는 산에 의탁해서 보호를 잘 받는 곳이어야 하고, 龍의 머리를 갈무리할 수 있는 터가 되어야 좋다'라고 말하고 있다.

鼻顙吉昌 角目滅亡 耳致候王 脣死兵傷

비상길창 각목멸망 이치후왕 순사병상

鼻: 코 비

顙: 이마 상

脣: 입술 순

來龍이 주산을 형성하고 그로부터 내려와 혈장穴場을 이룰 때까지를 龍으로 보았을 때, 龍의 코와 이마에 쓰면 매우 좋고 뿔과 눈에 쓰면 멸망한다. 귀 부분은 왕이나 제후의 지위에 오르고 입술 부위는 죽거나 크게 다친다.

來龍의 중앙에 묘를 쓰라는 말이다. 이 말 때문에 우리나라의 옛날 묘들이 산등성이에 많다.

자연은 일정한 규칙이 없고 기맥은 바람을 싫어하기 때문에 바람을 피하여 기맥선이 움직이는데, 이 기맥의 움직임을 정확히 파악하여 그 기맥선에 의하여 형성된 혈에 시신을 안치하는 것이 중요하지, 외형의 모양에 의하여 용의 눈·코·귀·이마를 따져 묘를 쓰면 亡地나 물구덩이이다.

宛而中蓄 謂之龍腹 其臍深蓄 必後世福

완이중축 위지용복 기제심축 필후세복

傷期胸脇 朝穴暮哭

상기흉협 조혈모곡

臍: 배꼽 제

宛: 언덕 완

胸: 가슴 흉

脇: 갈비 협

暮: 저물 모, 더딜 모

기복을 이루면서 내려오던 來龍이 조용히 멈추면서 중앙에 기가 측전
된 곳을 만드는데, 이를 龍의 배라 하고 그 배의 배꼽은 깊고 움푹 들어가
기가 축적되어 있다. 그곳에 장사지내면 필히 후세에 오랫동안 복이 있을
것이다. 그러나 가슴과 옆구리를 파서 갈비뼈를 손상케 하면 아침에 장사
지내고 저녁에 곡을 할 정도로 빠르게 나쁜 일들이 일어난다.

일반적으로 산을 이렇게 보면 큰일이 일어난다. 산은 흐르는 굴곡과
모양을 보고 음룡과 양룡으로 구분하여야 하고, 음룡과 양룡에 따라 각
각 혈을 쓰는 방법이 다르다.

음룡은 유돌형의 양혈에 쓰고 양룡은 와겸의 음혈에 묘를 써야 하는
데, 음룡과 양룡의 구분 없이 산의 중앙 움푹 들어간 곳이라 하여 묘를
쓰면 양룡은 혈이 맺혀 있는 경우 별문제가 없으나 음룡의 경우에는 물

구덩이에 묘를 쓰는 것으로 필연적으로 좋지 않다. 묘를 쓸 때는 반드시 맥과 혈에 맞추어 써야지 산의 모양을 보고 쓰면 안 된다.

陰來陽受와 陽來陰受라는 말이 왜 생겼는지를 잘 알고 이 원칙에 맞게 묘를 쓰되, 먼저 산 전체가 음룡인지 양룡인지를 구분하고 또한 내려오면서 음룡인지 양룡인지를 구분하여야 한다. 산이 음룡이라고 하여 산 전체를 음룡으로 보아서는 안 된다. 음 중에 양이 있고 양 중에 음이 있음을 명심하여야 한다.

또한 산은 앞과 뒤(背面)를 잘 구분하여 앞(面)이 아닌 뒤(背)에는 혈이 없고 좌우에는 혈이 극히 드물기 때문에 헛수고를 하지 않아야 한다. 움푹 들어간 음혈은 특수한 경지의 사람이 아니면 사용하기 위험하니 돌기된 양혈을 사용하는 게 무난하다.

夫人之葬 蓋亦難矣 支壟之辯 眩目惑心 禍複之差
부인지장 개역난의 지롱지변 현목혹심 화복지차

後虜之間
후로지간

難: 어려울 난, 근심할 난

矣: 어조사 의(단정, 한정, 의문)

眩: 아찔할 현, 현혹할 현

蠱: 산룡山龍에 이루어진 혈장穴場

장법은 대단히 어렵다. 산에서 지룡과 평양용平洋龍은 동일한 것이 없고, 눈을 현혹시키고 마음을 의심케 하는 것으로 정확하게 판단하지 못하면 길흉화복의 차이는 제후와 호로의 차이와 같다.

실제로 산은 제멋대로 생겼기 때문에 자연에서는 어떤 규칙이 성립될 수 없다. 오로지 풍수가가 자연의 변화를 오랫동안 잘 관찰하고 수목의 성질을 잘 파악하여 혈을 찾는 방법이 제일 좋은 방법이지, 풍수 책이나 산의 모양에 의존하거나 四神砂를 논해봐야 혼동만 온다.

일례로 산에 산 갈대(억새풀)는 물을 좋아하는 陰의 식물로서 억새풀이 많은 곳에는 풍수이론 책에서 아무런 하자가 없는 장소라도 혈은 맺혀 있지 않은 게 자연이다.

土圭測其方位 玉尺度其遠邇
토규측기방위 옥척도기원이

토규로 방위를 측정하고 옥척으로 그 멀고 가까움을 헤아린다.

고대에 방위를 측정하는 기구로 토구를 사용했지만 후에 발전하여 나경(패철)이 만들어졌다.

우리나라 기록으로는 임진왜란 때 조선에 파병된 중국군대와 같이 온 이문통李文通이라는 중국인 풍수가에 의하여 패철이 들어온 것으로 되어 있다. 그전에는 한가운데 지남철을 꽂아 놓고 가장자리에 원을 그려 24방위를 그려놓은 기구로서 방위를 측정하는 쇠鐵라고 부르는 윤도輪圖가 있었다.

실제로 방위 측정에서는 맥을 정확히 보고 방위를 정해야지 산줄기를 보고 패철로 방위를 정하면 100퍼센트 틀린다.

乘金相水 穴土印木
승금상수 혈토인목

네 마디의 전부를 알면 풍수 공부를 다한 것이다.

현재 우리나라의 어느 풍수 책도 정확하게 해석하지 못하고 있다. 현재 우리나라에는 유통되고 있지 않은 책으로 청나라 때 호천기보浩天其甫라는 사람이 당나라 때 복응천卜應天이 지은 「설심부雪心賦」를 해설한 「변론 30편(辯論三十篇)」을 보면 이렇게 적혀 있다.

"무엇을 承金이라고 하는가 하면, 대개 五行中에 圓으로 金이 되고 曲으로 水가 되고 直으로 木이 된다. 무릇 眞穴은 반드시 원동처圓動處가 있어야 하고, 圓은 혈관이 둥근 원운圓暈이 있고, 그 속 地下에는 陰氣陽氣와 陰水陽水의 교합에 의한 운동이 있어야 한다. 즉 호흡을 하고 있다.

와겸의 원은 이마(頂)에 있고, 유의 원은 아래에 있고, 돌의 원은 가운데 있다. 이와 같은 와겸의 가운데 오히려 유돌이 있고 유돌의 위에는 다시 보조개처럼 약간 들어간 것 같은 얇은 계단무늬가 있는데 이름하여 羅紋土縮이라 한다. 즉 少陰少陽之穴이라 한다.

乘이란 圓暈動氣 가운데에 올라타고 앉아 있음과 같다. 따라서 乘金은 圓暈動氣를 올라타고 앉아 있는 것 같은 眞穴 위의 둥그스름한 부분을 말한다.

相水란 무엇인가? '대개 圓動處가 있어 올라탈 수 있고 左右로 반드시 아득하고 운미하게 둘러싸는 물이 穴 앞 소명당 안에 모이고 이를 일러 새우의 수염 또는 게의 눈이다'라고 한다. 相이란 이마에서 서로 갈라져 左右 두 물이 교합되는 곳으로 향함이니라.

무엇을 印本이라 하는가? 대개 아득하고 운미하게 흘러내리는 相水는 바깥에 반드시 미미한 두 개의 眞沙가 있어 곧장 똑바로 내려가서 혈 앞을 지나 혈을 핍박하지 못하도록 소명당 안에 합해지게 함이니, 이를 선익우각蟬翼牛角이라 한다.

印이란 기가 머무르고 相水가 합해지도록 이 相水가 이 沙 쪽에 반드시 印証하여야 한다. 만약 이 沙가 없으면 相水가 누설되어 氣가 흩어져서 眞穴이 아니다.

무엇이 穴土인가 하면 대개 乘舍, 相水, 印木의 세 가지가 있고, 또한 모름지기 五土를 갖추고 있어야 한다. 이상 승금·상수·인목·혈토의 네 가지를 갖추어져서 비계를 자르고 옥을 잘라내는 흙은 반드시 生氣를 갖고 있어야 한다. 그렇지 않으면 外形과 內氣가 서로 부합하지 않아서 역시 眞穴이 아니다."

外藏八風 內秘五行

외장팔풍 내비오행

혈장 밖으로 산이 잘 둘러싸여 8방향으로부터 들어오는 바람을 막을 수
있어야 장풍이 되고, 혈장 안은 五氣를 잘 갈무리하여야 한다.

龍虎抱衛 主客相迎

용호포위 주객상영

청룡과 백호는 혈장을 포위하고 있듯이 다정하게 감싸주어야 하고 주
산(현무)과 객산(안산, 주작)은 서로 영접하여야 한다.

微通在智 觸類而長 玄通陰陽 功奪造化

미통재지 촉류이장 현통음양 공탈조화

풍수지리의 미묘함은 오랫동안 땅과 접촉함으로써 알게 된다. 미묘함
을 안 풍수지리가는 음양의 현묘함을 통달하여 자연 조화의 힘을 빼앗을
수도 있다.

풍수지리는 학문으로는 한계가 있고 자연의 이치를 살펴 자연의 이치를 알아야 통달할 수 있고, 풍수지리를 통달한 사람은 풍수지리의 무서움을 안다는 뜻이다. 현재 우리나라의 세분화되어 있는 전문직 중에서 제일 어려운 직업이 풍수지리가이며 한 가정의 몰락은 물론 국가의 운명과도 관계되는 것이 풍수지리라는 것을 잘 알아야 한다.

자연의 흐름을 모르고 함부로 남의 묫자리나 집의 방향을 패철로 잡아주거나 지붕의 모양을 함부로 정하는 일은 절대로 하여서는 안 된다.

夫牛臥馬馳 鸞舞鳳飛 騰蛇委蛇

부우와마치 난무봉비 등사위사

산의 形像은 마치 소가 누워 있는 듯, 말이 달리는 듯, 난새가 춤을 추는 듯, 봉황이 날아가는 듯, 뱀이 살아 꾸불꾸불 움직이는 것같이, 산의 형상은 여러 동물이 활동하는 것과 같이, 살아 움직이는 것 같이 보이면 좋다.

黿鼉龜鱉 以水別之

원타구별 이수별지

黿: 큰자라 원

鼉: 악어 타

鱉 : 자라 별

큰 자라, 악어, 거북이, 자라와 같은 형상은 물로써 구별하는 게 좋다.

牛富鳳貴

우부봉귀

소의 형상은 부와 관계되는 현상이 일어나고 봉황의 형상은 귀와 관계
되는 형상이 일어난다.

騰蛇凶危
등사흉위

죽은 뱀과 같이 직선으로 뻗은 산에는 흉함이 많으니 장사 지내서는 안
된다. 보통 이런 산을 死龍이라 하여 혈이 없는 것으로 생각하는데, 맥이
흐르고 있으면 혈이 있을 수 있으니 관찰하는 게 좋다.

形類百動 葬皆非宜 四應前案 法同忌之
형류백동 장개비의 사응전안 법동기지

형의 종류는 여러 가지(百)인데 조용히 멈추어 있지 않고 움직이면 장사
에는 합당하지 않다. 전후좌우의 四神砂가 있고 앞의 안산이 받쳐주어야
하기 때문에 움직이는 것은 기피하는 게 좋다.

계속 반복되는 이야기지만 「장경」은 外形에 의한 外氣를 주로 다루다
보니 실제 중요한 땅 속의 內氣에 대해서는 언급한 구절이 없다.

풍수지리는 氣感을 터득하여 맥의 흐름과 穴에서 나오는 運氣와 瑞氣
를 볼 줄 알아야 하는 것이고, 자신이 그런 경지에 못 미치는 상태라면
풍수지리를 상식적으로 알고 있는 정도로 해야지 풍수와 관계되는 일을
하여서는 안 된다. 한 가문의 파산과 한 가정의 몰락과도 관계되는 것이
풍수지리, 즉 氣의 파장이다.

제8장 취류편取類編

夫重岡疊阜 群壟衆支 當擇其特
부중강첩부 군롱중지 당택기특

중첩으로 무리지어 있는 산룡과 지룡의 혈장은 특이한 곳을 선택하여
사자死者를 매장하면 매우 좋다.

大則特小 小則特大
대측특소 소측특대

주위에 있는 산들이 큰 것으로 이루어져 있을 때에는 특히 작은 산에 형
성된 혈장이 특이한 것이고, 작은 산들로 이루어져 있을 때에는 특히 큰 산
에 형성된 혈장이 특이한 것이다.

參形雜勢 主客同情 所不葬也
참형잡세 주객동정 소불장야

형이 어지럽고 세가 복잡하여 주인(주산)과 손님(안산)의 크기가 불일치할 경우 死者를 埋葬하는 장소로는 좋지 않다.

夫支欲伏于土中 壟欲峙于地上
부지욕복우토중 롱욕치우지상

支는 땅 속에 미미한 융기를 이루고 있는 평양룡平陽龍이고 壟은 땅 위에 높이 솟아 있는 산룡山龍이라 할 수 있다.

支壟之止 平夷如掌
지롱지지 평이여장

平陽龍에 해당하는 支와 산룡에 해당하는 壟도 진행을 멈추어 혈장을 이루는데 이때는 손바닥과 같이 평탄한 땅으로 이루어진다.

故支葬其巓 壟葬其麓

고지장기전 롱장기록

巓: 산마루 전, 산꼭대기 전

麓: 산기슭 록

고로 지룡에 장사지낼 때는 꼭대기에서 장사지내고 산에서 장사지낼 때는 산기슭에 장사지내라.

혈이 아닌 곳에 장사를 지내서는 안 되고 화장을 하는 게 좋다.

卜支如首 卜壟如足

복지여수 복롱여족

止龍(平陽龍)에서는 머리부분에 卜定하고 壟(山龍)에서는 발부분(산기슭)에 卜定하라.

반드시 기맥선을 찾아 혈에 定하여야 한다.

形勢不經 氣脫如逐

형세불경 기탈여축

형세가 나쁜 혈장에는 생기가 축출하듯이 이탈한다.

너무 가까운 형세에 집중하는 일이 없도록 하여야 하며 기맥선의 흐름을 따져 穴을 찾아야 한다.

形如仰刀 凶禍伏逃

형여앙도 흉화복도

형이 칼을 위로 세워 놓은 것같이 등이 좁고 끝이 날카로운 모양으로 이루어진 곳에 장사지내면 흉화를 입거나 도망자가 생긴다.

자연 이치에서는 산세가 조잡할 경우 혈이 아예 존재하지 않는다.

形如臥劍 誅夷逼僭
형여와검 주이핍참

형이 날카로운 칼을 눕혀 놓은 것같이 좁고 긴 모양에 장사지내면 주륙을 당하거나 핍박을 받는 등의 나쁜 현상이 일어난다.

形如橫几 子滅孫死
형여횡궤 자멸손사

几: 책상 궤, 안석 궤

형이 가로놓여 있는 책상과 같이 옆으로 늘어진 모양에 장사지내면 자손이 멸망하는 등의 나쁜 현상이 일어난다.

形如覆舟 女病男囚

형여복주 여병남수

　형이 마치 배가 뒤집혀 있는 것같이 중간은 높이 돌출되어 있는 반면에, 양쪽 머리는 아래로 늘어져 있는 모양에 장사지내면 여자는 병이 생기고 남자는 감옥에 가는 나쁜 현상이 생긴다.

形如灰囊 災舍焚倉

형여회낭 재사분창

灰: 재 회

囊: 주머니 낭

災: 재앙 재

焚: 사를 분

　형이 마치 재를 담는 자루와 같이 생긴 모양에 장사지내면 화재火災를 당하는 등 나쁜 현상이 생긴다.

形如投算 百事昏亂

형여투산 백사혼란

산의 형이 마치 산대를 흩어놓은 것같이 혼란한 모양에 장사지내면 모든 일(百事)이 혼란에 빠지는 나쁜 현상이 나타난다.

形如亂衣 妬女淫妻

형여난의 투여음처

형이 옷가지를 흩어놓은 것같이 혼란스러운 모양에 장사지내면 질투가 많거나 음란한 여자가 되는 등의 나쁜 현상이 나타난다.

形如植冠 永昌且歡

형여식관 영창차환

冠 : 관 관
歡 : 기뻐할 환

형이 관모冠帽를 단정히 쓴 것 같은 모양으로 이루어진 혈장에 장사지내면 오랫동안 집안이 번창하고 좋은 일들이 생긴다.

형은 아무리 좋아도 혈이 아니면 장사지내면 안 된다.

形如覆釜 其巓可富

형여복부 기전가부

형이 마치 가마솥을 엎어놓은 모양을 한 산의 정상에 장사지내면 부자가 된다.

혈 위에 장사지냈을 때 일어나는 현상이다.

形如負扆 有壟中峙 法葬其止 王侯崛起

형여부의 유롱중치 법장가지 왕후굴기

負: 질 부, 입을 부

峙: 산우뚝할 치, 갖출 치

崛: 산우뚝할 굴

형이 둘러쳐 놓은 병풍과 같이 가파른 절벽으로 둘러싸여 있을 때 높이 우뚝 솟은 산이 있으면 그곳에 장사지내면 왕후와 같은 귀한 인물이 되는 등의 좋은 현상이 일어난다.

形如燕巢 法葬其凹 胙土分茅
형여연소 법장지요 조토분모

巢: 새집 소, 새보금자리 소
胙: 재지낼고기 조, 복 조, 갚을 조
茅: 띠 모, 창 모

형상이 마치 제비집과 같이 사방에 둘러싸여 있는 가운데 요凹 형의 모양에 장사지내면 제후와 같은 귀한 인물이 나온다.

形如側罍 後岡遠來 前應曲回 九棘三槐
형여측뢰 후강원래 전응곡회 구극삼괴

罍: 술잔 뢰

棘: 새이름 극, 가시나무 극

槐: 느타리나무 괴, 괴화나무 괴

형이 마치 술병을 뒤집어놓은 모양을 하고, 뒤에는 멀리서부터 來龍이 이어져 있고 앞에 있는 朝山이나 案山이 잘 朝應하여주는 장소에 장사지 내면 삼송이나 구경의 귀한 인물이 되는 등 매우 좋다.

勢如萬馬 自天而下 其葬王者
세여만마 자천이하 기장왕자

산세가 수많은 말들이 하늘에서 내려오듯이 단정하고 수려한 산봉우리 로 이어져 있는 곳에는 왕을 장사지낸다.

勢如巨浪 重嶺疊嶂 千乘之葬
세여거랑 중령첩장 천승지장

세가 큰 파도와 같이 힘차게 밀려오듯이 커다란 산봉우리로 이루어진 곳과 사방의 산들이 중첩으로 둘러싸여 있는 곳은 千乘(제후)의 장지이다.

勢如降龍 水遶雲從 爵祿三公
세여강룡 수요운종 작록삼공

遶: 얽을 요, 둘릴 요
爵: 작위 작, 벼슬 작

세가 하늘에서 용이 힘차게 내려오듯이 하며 사방으로 둘러싸여 있는 산들은 구름이 용을 따르듯이 朝應을 이루고 있는 가운데 형성되어 있는 혈장에 장사지내면 삼공三公과 같은 녹祿을 받는 귀한 인물이 태어난다.

377

勢如重屋 茂草喬木 開府建國
세여중옥 무초교목 개부건국

세가 많은 집을 겹쳐 놓은 듯이 층층을 이루고 있는 가운데 넓고 평탄하게 형성된 곳으로 초목이 무성하게 자라는 곳은 국가의 중요기관을 세울 수 있을 만큼 좋은 땅이다.

勢如驚蛇 屈曲徐斜 滅國亡家
세여경사 굴곡서사 멸국망가

세가 마치 놀란 뱀이 도망을 가듯이 삐뚤어지면서 불규칙하게 진행된 來龍에 있는 현장에 장사지내면 가정이나 국가를 파괴하는 사람이 되는 등의 나쁜 현상이 나타난다.

勢如戈矛 兵死刑囚
세여과모 병사형수

세가 마치 창과 같이 날카롭고 딱딱한 가운데 형성된 혈장에 장사지내면 죽거나 감옥에 가는 나쁜 현상이 일어난다.

勢如流水 生人皆鬼
세여류수 생인개귀

세가 마치 직류하는 물과 같이 곧고 급한 모양을 하는 곳에 장사지내면 괴귀怪鬼한 사람이 되는 등 나쁜 현상이 일어난다.

夫勢與形順者吉 勢與形逆者凶
부세여형순자길 세여형역자흉

勢凶形吉 百福希一 勢吉形凶 禍不旋日
세흉형길 백복희일 세길형흉 화불선일

龍의 세와 형에 어긋나지 않으면 좋은 현상이 나타날 것이고 세와 형에 어긋나면 나쁜 현상이 일어난다. 또한 세가 나쁘고 형이 좋으면 百福 중에 하나는 얻을 수 있으나 세가 좋고 형이 나쁘면 나쁜 현상이 매우 빠르게 나타나기 때문에 반드시 피하여야 한다.

제9장 부잡편附雜篇

經曰 地有四勢 氣從八方 寅申巳亥 四勢也
경왈 지유사세 기종팔방 인신사해 사세야

震離坎兌 乾坤艮巽 八方也 是故四勢之山
진이감태 건곤간손 팔방야 시고사세지산

生八方之龍 四勢行龍 八方施生 一得其宅 吉慶榮貴
생팔방지룡 사세행용 팔방시생 일득기택 길경영귀

경에서 땅에는 사세가 있고 기는 팔방에서 흐른다.

인신사해는 사세요 진이감태 건곤간손은 팔방이다.

고로 사세의 산은 팔방의 맥을 생성시키면서 여러 가지의 지룡을 이루었다고 할 수 있다.

용이 팔방으로 진행하면서 기도 龍을 따라 팔방으로 흐르면서 만물을 생성시키는 작용을 한다.

명당(穴)을 얻어 장사지내면 후손들은 부귀영화를 얻는 좋은 현상들이 생긴다.

夫葬乾者 勢欲起伏而長 形欲闊厚而方

부장건자 세욕기복이장 형욕활후이방

팔방 중 건좌로 하면 세는 기복을 잘 이루어 장원하고 형상은 넓고 두터
우면서 단정하게 이루어져야 매우 좋다고 할 수 있다.

葬坤者 勢欲連展而不傾 形欲廣厚而長平

장곤자 세욕연전이불경 형욕광후이장평

곤좌로 하면 세는 길게 이어져 펼쳐지면서도 불규칙하거나 비뚤어지지
않고 형은 크고 두터우면서 조금 길고 평평하게 이루어져야 매우 좋다.

葬艮者 勢欲委蛇而順 形欲高峙而峻

장간자 세욕위사이순 형욕고치이준

간좌로 하면 세는 살아 있는 뱀과 같이 굴곡이 순조롭고 형은 높이 솟으
면서 우뚝 서 있어야 매우 좋다.

葬巽者 勢欲峻而秀 形欲銳而雄
장손자 세욕준이수 형욕예이웅

손좌로 하면 세는 높이 솟으면서 수려하고 형은 예리하면서 웅장해야
매우 좋다.

葬震者 勢欲緩而起 形欲聳而峨
장진자 세욕완이기 형욕용이아

緩 : 더딜 완, 스러질 완

聳 : 솟을 용, 귀먹을 용

진좌로 하면 세는 완만하게 일어나 있고 형은 솟은 것이 크고 높아야 매
우 좋다.

葬離者 勢欲馳而穹 形欲起而崇
장이자 세욕치이궁 형욕기이숭

이좌로 하면 세는 하늘에서 수많은 말들이 용맹하게 질주하여 오듯이 힘차면서 장원하여야 하고 형은 숭고한 모습으로 일어나 있어야 매우 좋다.

葬兌者 勢欲大來而坡垂 形欲方廣而平夷
장태자 세욕대래이파수 형욕방광이평이

태좌로 하면 세는 크고 평평하면서 완만한 비탈을 이루고 형은 넓고 크면서 평탄하게 이루어야 매우 좋다.

葬坎者 勢欲曲折而長 形欲秀直而昂
장감자 세욕곡절이장 형욕수직이앙

감좌로 하면 세는 굽이굽이 굴곡을 이루면서 흐르는 긴 강과 같이 장원하고, 형은 수려하고 단정하면서 쳐들어 있어야 매우 좋다.

참고 문헌

《한국풍수의 허와 실》, 김두규, 동학사

《우리 땅 우리 풍수》, 김두규, 동학사

《조선 풍수학인의 생애와 논쟁》, 김두규, 궁리출판사

《인자수지》, 김두규 외(역), 명문당

《혈穴》, 김경보 외, 연봉출판사

《도선 연구》, 김지견 외, 민족사

《불국사》, 김상현 외, 대원사

《명당 백문 백답》, 김종철, 오성출판사

《명당요결》, 김종철, 오성출판사

《한국의 풍수지리와 건축》, 박시익, 일빛출판사

《터(상, 하)》, 손석우, 답게출판사

《풍수과학 이야기》, 이문호, 청양출판사

《마음의 여행》, 이경숙, 정신세계사

《명당은 살아 있다》, 양정식, 행림출판사

《장경》, 오상익(역), 동학사

《천부경의 수수께끼》, 윤해석, 창해출판사

《신 풍수지리 입문》, 왕종찬, 좋은글

《천부경의 비밀과 백두산족 문화》, 정재승, 정신세계사

《조선의 풍수》, 최길성(역), 민음사

《땅의 눈물 땅의 희망》, 최창조, 궁리출판사

《한국 풍수사상》, 최창조, 민음사

《한국 풍수지리》, 최창조, 민음사

《청오경, 금낭경》, 최창조(역), 민음사

《석굴암》, 한국불교연구원, 일지사

《천부경》, 최동환, 지혜와 나무

《한국 풍수학 개론》, 차태규, 연문출판사